学前教育专业（新课程标准）系列精品教材

学前教育
见习实习指导手册

主编◎朱巧玲
副主编◎肖 燚　赵悦同　王 晴
主　审◎程广文

中国轻工业出版社

图书在版编目（CIP）数据

学前教育见习实习指导手册/朱巧玲主编.—北京：中国轻工业出版社，2021.12
学前教育专业（新课程标准）系列精品教材
ISBN 978-7-5184-3723-8

Ⅰ.①学… Ⅱ.①朱… Ⅲ.①学前教育—教育实习—高等学校—教材 Ⅳ.①G612

中国版本图书馆CIP数据核字（2021）第223611号

责任编辑：崔丽娜　　责任终审：李建华　　封面设计：锋尚设计
整体设计：锋尚设计　　责任校对：朱燕春　　责任监印：张　可

出版发行：中国轻工业出版社（北京东长安街6号，邮编：100740）
印　　刷：三河市国英印务有限公司
经　　销：各地新华书店
版　　次：2021年12月第1版第1次印刷
开　　本：787×1092　1/16　印张：11.75
字　　数：280千字
书　　号：ISBN 978-7-5184-3723-8　定价：39.80元

邮购电话：010-65241695
发行电话：010-85119835　传真：85113293
网　　址：http://www.chlip.com.cn
Email：club@chlip.com.cn
如发现图书残缺请与我社邮购联系调换
200765J1X101ZBW

前　言

近年来，教育部陆续出台了《教师教育课程标准（试行）》《幼儿园教师专业标准（试行）》《关于加强师范生教育实践的意见》《学前教育专业师范生教师职业能力标准（试行）》等系列文件，为培养高素质、专业化幼儿园教师指明方向。许多高校不断改革，调整课程设置，加大实践课程比重，将幼儿园见习与实习作为学前教育专业教学计划的重要组成部分，贯穿在学前教育专业学习全过程。高校希望通过循序渐进和有目的的教育实践，帮助学生树立职业理想，提早熟悉幼儿园教育教学情况，接触幼儿园保教工作，锻炼学生良好的保育和教育实践能力。丰富多样的教育实践有助于学生把学前教育理论与实践相结合，让他们在实践中学习、反思、改进、再实践，不断巩固专业知识和技能，为成为高素质幼儿园教师奠定良好基础。

目前，学前教育专业学生在幼儿园见习与实习活动中的观察和学习，往往基于自己的经验开展，缺乏计划性和系统性，也欠缺深入指导。怎样提高见习与实习的效率，强化学生见习与实习过程性指导，提高学生观察幼儿、研究幼儿园保教工作的能力是学前教育师范专业面临的重要挑战。基于以上反思，我们编写了这本《学前教育见习实习指导手册》，旨在引领学生在见习实习过程中，能更加有效地进行观察和学习，提供必要的过程性指导，帮助学生有效完成各项任务，提高实践能力。

《学前教育见习实习指导手册》从学前教育专业最重要的幼儿园保教实践出发，结合学前教育专业课程学习需要，分为绪论、见习指导篇、实习指导篇三大部分。绪论部分介绍了学前教育见习实习的目的、意义、任务、准备及评价等。帮助学生了解见习实习总体要求和具体安排，提前做好各项准备，熟知评价标准。在见习指导篇部分，包含幼儿园一日活动与保育工作见习、观察和理解幼儿、幼儿园游戏活动与环境观摩、幼儿园课程与教育活动观摩四大模块。每个模块设计了循序渐进的见习任务，在每一任务里，介绍了该见习任务的目的与内容，说明了相关观察要点，可以帮助学生更加明确见习目的和内容，做好见习记录和反思。实习指导篇部分，依据幼儿园教育实习的基本要素和自然发生过程展开，包含幼儿园一日生活组织与班级管理实习、幼儿园环境创设实习、幼儿园游戏活动和教育活动实习、幼儿园教科研实习与材料整理四个模块，可以为学生实习工作提供相应支持和指导。

本教材获泰州学院学前教育专业省一流专业建设经费资助，是泰州学院学前教育专业在江苏省一流本科专业建设点建设期间不懈努力的成果，也是泰州学院教育教学改革研究课题"师范专业认证背景下学前教育专业教育实习评价体系研究"的成果（项目号为2020JGC09）。

本教材由泰州学院朱巧玲编写提纲，并进行统稿。具体编写分工如下：朱巧玲负责编写了绪论、模块一至模块四；肖燚负责编写了模块五、模块六；赵悦同负责编写了模块七；王晴负责编写了模块八。本书由泰州学院教育科学学院程广文教授担任主审。

在编写过程中，作者引用了许多研究者的相关成果，多位幼教实践一线的园长及教师、学前教育专业学生为本书提供了案例素材和编写意见，出版过程中也得到了泰州学院学前教育系及其他高校的鼎力帮助，得到了中国轻工业出版社的大力支持。在此一并表示感谢！由于编者水平有限，书中难免有疏漏之处，恳请同行批评指正！

编者

目 录

绪 论
学前教育专业见习实习概论 001

见习指导篇

模块一
幼儿园一日活动与保育工作见习 017

- 018　任务一　幼儿园概貌调查
- 020　任务二　幼儿园一日活动观摩
- 025　任务三　幼儿园保育工作见习

模块二
观察和理解幼儿 034

- 035　任务一　幼儿身体动作观察
- 037　任务二　幼儿认知发展观察
- 042　任务三　幼儿语言发展观察
- 045　任务四　幼儿情感和社会性发展观察
- 050　任务五　学前特殊需要儿童观察

模块三
幼儿园游戏活动与环境观摩 054

- 055　任务一　幼儿园室内外游戏区域观察
- 059　任务二　幼儿园角色游戏观察
- 061　任务三　幼儿园建构游戏观察
- 066　任务四　幼儿规则游戏观察

模块四
幼儿园课程与教育活动观摩 068

- **069** 任务一 幼儿园整体课程设置调查
- **071** 任务二 幼儿园健康教育活动见习
- **076** 任务三 幼儿园语言教育活动见习
- **079** 任务四 幼儿园社会教育活动见习
- **085** 任务五 幼儿园科学教育活动见习
- **090** 任务六 幼儿园艺术教育活动见习
- **100** 任务七 幼儿园融合教育观摩

实习指导篇

模块五
幼儿园一日生活组织与班级管理实习 105

- **106** 任务一 幼儿园一日生活组织与保育实习
- **112** 任务二 幼儿一日生活评价实习
- **115** 任务三 幼儿园班级常规管理实习
- **123** 任务四 班级物品管理实习
- **125** 任务五 幼儿园家长工作实习

模块七
幼儿园游戏活动与教育活动实习 141

- **142** 任务一 幼儿园游戏活动实习
- **157** 任务二 幼儿园教育活动实习

模块六
幼儿园环境创设实习 131

- **132** 任务一 幼儿园户外环境创设实习
- **134** 任务二 幼儿园室内环境创设实习

模块八
幼儿园教科研实习与材料整理 164

- **165** 任务一 幼儿园教科研活动实习
- **167** 任务二 完成学前教育调查报告
- **170** 任务三 撰写幼儿园通讯稿
- **173** 任务四 整理幼儿园保教实习材料

180 参考文献

绪 论　学前教育专业见习实习概论

一、学前教育专业见习实习的目的及意义

2012年我国颁布了《幼儿园教师专业标准（试行）》（以下简称《专业标准》），《专业标准》既是幼儿园教师培养、准入、培训、考核等工作的重要依据，又是学前教育专业人才培养的重要指南。《专业标准》明确提出了"能力为重"的基本理念，要求"把学前教育理论与保教实践相结合，突出保教实践能力""坚持实践、反思、再实践、再反思，不断提高专业能力"。《专业标准》将幼儿园教师的专业能力分为"一日生活的组织与保育能力、环境的创设与利用能力、游戏活动的支持与引导能力、教育活动的计划与实施能力、激励与评价能力、沟通与合作能力、反思与发展能力"七个方面，同时要求"完善幼儿园教师培养培训方案，科学设置教师教育课程，改革教育教学方式，重视社会实践和教育实习。"2016年教育部颁发《关于加强师范生教育实践的意见》，提出"在师范生培养方案中设置足量的教育实践课程，以教育见习、实习和研习为主要模块，构建包括师德体验、教学实践、班级管理实践、教研实践等全方位的教育实践内容体系，切实落实师范生教育实践累计不少于1个学期制度"。开展教育实践，是师范专业人才培养的必然要求。"明确教育实践的任务，建构全方位的教育实践内容，丰富创新教育实践的形式，组织开展规范化教育实习，完善教育实践考核评价体系"是教师教育院校的紧迫任务。

教育见习是学前教育专业实践教学的重要组成部分，是培养合格教师的重要环节，是提高师范生专业思想和教育教学实践能力的重要方式。随着我国课程改革的不断深入，教育见习在培养合格人才方面的重要性得到不断提升和认同。幼儿园教育见习，是教育实习的前奏曲，是指学前教育专业学生在校学习期间亲临幼儿园教育现场，在教师指导下，通过有目的、有计划地观察，对幼儿园的具体现象和事件进行分析并学习的实践活动。旨在为该专业学生提供机会初步了解幼儿园教学的各项常规工作，在见习中反省自身，发现自身的不足，增强今后学习的目的性和针对性。

学前教育实习是学前教育专业高年级学生到一线幼儿园进行技能发展的重要训练形式，是职前教师在师范院校教师和幼儿园一线教师共同指导下，幼儿园进行的各种真实保教实践活动。广义的教育实习包括课程观摩、见习、实习等，狭义的教育实习则专指以参与幼儿园实际工作为主的实习活动。

见习和实习作为教育实践的重要组成部分，是高素质应用型人才养成的关键环节，在培养学生的实践能力、创业能力和创新能力以及专业综合素质等方面起着理论教学不可替代的重要作用。

二、学前教育专业见习实习的任务

学前教育是一门实践性很强的学科。在学习心理学、教育学等课程的基础上，通过入园见习观摩幼儿园的工作流程，直接感知幼儿园教师的教育教学活动，协助班级教师组织幼儿的一日生活、教学和游戏活动，便于学生运用所学理论知识于实践，有助于培养和提高学生的专业技能。见习与实习不同，见习生一般不直接参与幼儿园的教学活动，以观摩为主，实习则以参与实践为主。

（一）学前教育见习的任务

1. 认真观察幼儿园园区环境

进入幼儿园首先映入眼帘的是园区环境。幼儿园里的一草一木都有教育者让它存在的意图，都是价值选择的结果。在见习中需要仔细观察园区环境布局，感受户外环境如何、室内公共环境如何、班级环境如何，感受幼儿园的文化气息和精神氛围。

2. 认真观察班级一日活动流程和卫生保健工作

一日流程是一所幼儿园的幼儿在园学习与游戏的一天的安排，包括幼儿入园、晨检、晨间活动、集体教学、生活活动、就餐、午休、自由活动等，直至离园。一日生活安排可以集中体现园所教育理念，时间安排是否符合幼儿身心发展需要，活动安排符合幼儿兴趣和发展需求，都体现了办学者对幼儿发展的基本理解。幼儿园的卫生保健工作渗透在幼儿园一日生活的各环节中，旨在保障幼儿身心正常发育和健康成长，卫生保健工作在幼儿园工作中具有特别重要的价值，也是幼儿园教育的特色所在。在观察一日生活安排的过程中，关注幼儿园的卫生保健工作对学生今后从事幼教工作有着重要意义。

3. 认真观察并理解幼儿

幼儿是学前教育的对象，教师要掌握不同年龄幼儿身心发展特点、规律，了解他们在发展水平、速度和优势领域等方面的个别差异，了解他们在言语表达、身体运动、社会性、认知与情感上的发展状况，了解他们在同伴交往、经验表达、材料操作等过程中的学习特点，这些都需要通过观察来实现。在见习过程中，可以结合《3—6岁儿童学习与发展指南》以及所学的学前教育理论知识分析幼儿行为特点和发展规律，思考幼儿园教育教学是否符合幼儿的发展需求。见习中不仅要通过观察，了解小、中、大班幼儿年龄特点，也可以重点观察1~2个孩子，运用描述法或取样法记录他们的行为表现，分析他们的发展特点，关注他们之间的个体差异。在见习过程中，还可以主动和幼儿进行互动，倾听他们的谈话，参与他们的游戏，取得幼儿的信任和喜爱。

4. 观摩幼儿游戏活动及游戏环境

游戏是幼儿最喜爱的活动，他们在游戏中的表现最为真实。通过观察他们在游戏中的表现，可以发现幼儿喜欢什么游戏，偏爱什么玩具，喜欢在什么地方进行游戏，在游戏中如何和同伴交往，如何思考和解决问题等。在见习中可以通过事先制定的表格记录幼儿在区域游戏、户外游戏、桌面游戏等中的行为表现以及教师对幼儿游戏的指导，分析他们的游戏水平，思考游戏材料的投放、游戏环境的创设及游戏中的指导是否科学合理。

5. 观摩幼儿园课程和各领域教育活动

幼儿园课程是实现幼儿园教育理念的手段，受到办园者教育观、儿童观、价值观的影响。幼儿园采用何种课程，有其内在的、长远的、深邃的原因，见习教师需要通过观察、分析哪些是合理的，哪些是无奈的，哪些是可以调整的。

幼儿园课程主要通过集体教学的形式来实现，因此，观摩集体教学是见习中的重点之一，也是见习生最直接、有效的学习方法。见习生可以通过各种感官及辅助工具（如录像、录音设备等）亲身体验活动过程，获取相关资料和经验。在观摩中可以重点了解以下几个环节：第一，观摩活动内容，看活动属于哪个领域，是否符合幼儿兴趣需要，活动主题来源于教师还是幼儿，是否能为幼儿提供有益的经验；第二，观摩活动形式，看活动的组织形式是集体还是小组，在室内还是户外，是教师主导还是幼儿生成；第三，观摩活动材料，活动中教师所采用的教具以及幼儿的操作材料是否有利于完成活动目标，是否有利于幼儿的学习，是否为幼儿提供了较大的探索空间；第四，观摩师幼互动，师生关系是否和谐融洽，教师在引导过程中是否尊重幼儿的主体地位，教师能否敏锐地发现活动中的问题，适时回应与指导，帮助幼儿提升经验；第五，观摩幼儿表现，幼儿对活动是否感兴趣，在活动过程中是否积极主动，充满兴趣；第六，观摩活动实施，活动环节设计是否新颖巧妙，是否具有挑战性，是否让幼儿有自主表现的空间，活动层次是否清晰合理，重难点是否突出；第七，观摩活动效果，看活动是否达成预定目标，完成的效果如何，活动中的闪光点及存在的问题有哪些等。见习生在观摩时应避免只看表面只看热闹的现象，要学会反思，尝试去辨析活动的优缺点，敢于提出自己的观点。

在见习过程中除了完成以上见习任务，还应主动观察幼儿园里各类工作人员，如幼儿园园长、管理人员、保育员、保健医生、厨师等，了解他们工作特点和工作职责，思考他们对幼儿发展的直接或间接影响。有机会还应观察幼儿园的家长工作和社区联动，了解教师如何做好家园沟通和合作，如何让家长和社区共同参与幼儿园教育教学，如何利用幼儿园周边资源开展活动。

（二）学前教育专业实习任务

1. 保育工作实习

幼儿园的保育工作有两块。一是保育员的保育，二是幼儿园教师的保育。幼儿园教师的保育包括直接做保育工作和指导保育员做保育工作。学前教育专业学生的保育工作实习就是学做幼儿园教师的保育工作。保育工作实习包括观察与尝试幼儿保健与生活护理，学习组织安排幼儿一日生活活动，协助幼儿园保教人员做好卫生、安全工作，协助主配班老师有计划地对幼儿进行体能锻炼等。具体工作内容包括幼儿体检、生活作息、膳食营养、锻炼与安全、环境卫生、疾病防治等。保育工作是幼儿教育的基础工作，也是幼教实习的入门课，需要实习生耐心仔细地去学习、去经历，将保育和教育真正有机结合起来。

2. 教育活动和游戏活动实习

教育活动实习包括在导师指导下，熟悉班级幼儿的情况，协助记载幼儿成长档案，学习制订一日生活计划，积极开展师幼互动，增进与幼儿的感情。同时参与各项教育工作，组织幼儿园一日活动、组织集体活动和游戏活动、制作有关教玩具、创设班级环境、协助进行班级管理等，全面锻炼实习生专业综合素质。

3. 家长工作和社区工作实习

包括了解本班幼儿的家庭情况和幼儿园所在社区情况，听取家长和社区对幼儿教育的意见，观察和学习原任教师与家长沟通的技巧，与原任教师一起与家长探讨家园合作共育方法，尝试根据幼儿的特点对家庭教育提出合理有效的建议等。

4. 教育调查与教育科研实习

包括了解幼儿园的基本情况、历史与现状、办园特点，所在幼儿园优秀教师先进事迹、育人经验，幼儿身心发展特点和学习特点的实证研究，有针对性地做一些观察记录与统计分析等。积极参与幼儿园组织的教研活动和科研活动。学前教育专业学生还可以利用实习机会为毕业论文的撰写进行选题、调查、素材收集、补充修改等工作。

见习和实习是学生将学前教育理论与实践相结合的重要尝试，对树立专业意识、培养教育情怀、形成专业思想、提升专业能力具有重要作用，也为后续的实际工作奠定扎实基础。在见习实习过程中，要主动学习，勤于思考，及时记录所见所闻，所思所想，学会用专业知识和专业理念来分析实践中的问题，不断提升专业水平。在整个学习过程中，要尽早、多次、渐进地接触和了解幼儿园教育实际，"生态式"地介入幼儿园教育的整个过程。

三、学前教育专业见习实习的准备

幼儿园见习实习准备是确保见习实习工作顺利开展的重要保证，学生在入园前一定要做好相应准备工作，以下将从认知、能力和心理三个方面进行阐述，其中认知准备是前提，能力准备是基础，心理准备是见习实习工作取得成功的重要因素。

（一）认知准备

在进入幼儿园现场前，学生需要了解和掌握基本的专业理念和专业知识。只有具备良好的专业理念与知识，才能展现更符合教育规律的教育行为，更好地解读教育现象。

1. 树立正确的儿童观、教育观

儿童观是人们对于儿童的根本看法和态度。主要涉及儿童在人类社会中应享有的地位与权利，儿童期的意义，儿童的特点和能力，儿童生长发展的特点和原因等。儿童观是教育观的依据，有什么样的儿童观，就会有什么样的教育观。教育观是人们对于教育在儿童发展中起着何种作用的根本看法。正确的儿童观和教育观是判断教师教育行为是否科学合理的主要依据。作为学生，在见习实习前，首先要树立以下意识：

（1）生命健康教育为首的意识。《幼儿园教育指导纲要》（以下简称《纲要》）中指出："幼儿园必须把保护幼儿的生命和促进幼儿的健康放在工作首位。"所以，教师应不断为儿童创造安全、舒适、民主、自由、温暖、和谐的生活学习环境，促进其身体、心理获得充分和谐健康的发展。

（2）幼儿为本的意识。《幼儿园教师专业标准》中指出，教师应"热爱学前教育事业，具有职业理想，践行社会主义核心价值体系，履行教师职业道德规范。关爱幼儿，尊重幼儿人格，富有爱心、责任心、耐心和细心；为人师表，教书育人，自尊自律，做幼儿健康成长的启蒙者和引路人。""尊重幼儿权益，以幼儿为主体，充分调动和发挥幼儿的主动性；遵循幼儿身心发展特点和保教活动规律，提供适合的教育，保障幼儿快乐健康成长。"作为一名准幼儿园教师，应该具有以上良好师德和理念，关心爱护幼儿，尊重幼儿，以平等民主的方式和幼儿相处。好的老师懂得尊重儿童的人格尊严，尊重儿童的思想感情、兴趣、爱好、要求、愿望、自尊心等。

（3）生活教育意识。在幼儿园里，一日生活皆课程。因为幼儿年龄小，教师的一言一行都在潜移默化地影响着他们，幼儿有善于模仿的天性，教师更应该注重以身作则。作为实习生，也应做好榜样示范作用。在园内，严格要求自己的一言一行，重视自身日常态度言行对幼儿发展的重要影响与作用。同时，在观摩和学习中应重视幼儿园一日生活中各环节的重要价值，既要注重观察幼儿园里的集体教学、区域游戏，也要重视幼儿园的生活环节、过渡环节和自由活动环节。

2. 掌握良好的专业知识

《幼儿园教师专业标准》提到，教师应具备良好的专业知识，包括幼儿发展的知识，幼儿保育与教育的知识和通识性知识。

（1）幼儿发展的知识，包括：了解关于幼儿生存、发展和保护的有关法律法规及政策规定；掌握不同年龄幼儿身心发展特点、规律和促进幼儿全面发展的策略与方法；了解幼儿在发展水平、速度与优势领域等方面的个体差异，掌握对应的策略与方法；了解幼儿发展中容易出现的问题与适宜的对策；了解有特殊需要幼儿的身心发展特点及教育策略与方法。

（2）幼儿保育与教育的知识，包括：熟悉幼儿园教育的目标、任务、内容、要求和基本原

则;掌握幼儿园各领域教育的学科特点与基本知识;掌握幼儿园环境创设、一日生活安排、游戏与教育活动、保育和班级管理的知识与方法;熟知幼儿园的安全应急预案,掌握意外事故和危险情况下幼儿安全防护与救助的基本方法;掌握观察、谈话、记录等了解幼儿的基本方法和教育心理学的基本原理和方法;了解0~3岁婴幼儿保教和幼小衔接的有关知识与基本方法。

(3)通识性知识,包括:具有一定的自然科学和人文社会科学知识;了解中国教育的基本情况;具有相应的艺术欣赏与表现知识;具有一定的现代信息技术知识。

(二)能力准备

专业能力是对幼儿园教师技能方面能力的要求,学生在见习实习过程中应尽量把所学专业理论与实践相结合,遵循幼儿身心发展的规律,不断提升自身专业水平。

1. 见习生的能力准备

(1)敏锐的观察能力。观察是人类认识周围世界的基本方法,是从事科学研究的重要手段。在幼儿园进行观察,是学习的重要途径,是一种有目的、有计划的活动。要注重运用多种感官对幼儿园里的各种现象进行感知和描述。每次去幼儿园见习前,都应该制订合理的观察计划,尽可能按照一定的时间、顺序、过程、对象、记录方法等进行观察。在经由教师同意的基础上,可以适当使用仪器设备等方式来记录和保存事实资料。同时,要学会运用创造性思维和批判性思维进行思考。

(2)专业的反思、评价能力。反思评价是促进教师专业发展、提高教师素质的有效途径。在见习实习过程中,要学会运用专业知识于实践,发现、分析、研究、解决问题,学会综合运用观察、谈话、作品分析等方法自然地在教育过程中对幼儿发展进行评价。

(3)良好的沟通交流能力。学会沟通是幼儿教师必备的能力,但是很多幼儿教师尤其是年轻的幼儿教师缺乏沟通的智慧和技巧,进而影响了自己的工作和生活。幼儿园教师需要与幼儿沟通、与家长沟通、与同事沟通、与领导沟通、与家人沟通。在与幼儿沟通时,要注重激发幼儿表达的兴趣,引导幼儿大胆说出自己的感受,增强幼儿的安全感。也要善于做一个倾听者,满足幼儿说话的欲望,鼓励幼儿富有条理地讲明事情,锻炼他们的思维能力和口语表达能力;要善于发现幼儿的闪光点,赞美他们的优点,增强幼儿的自尊和自信。在与指导教师沟通时,要主动积极,虚心好学,主动将自己的疑问与困惑向指导教师请教。初次到幼儿园,要热情地向班级教师和幼儿介绍自己,以取得幼儿和老师的信任。要尊重幼儿园里每一位工作人员和他们的劳动,不应随意评判幼儿园里的现象。

2. 实习生的能力准备

作为一名准幼儿园教师,进入幼儿园实习时,除了应具备以上见习生应具有的能力,更应具备较为全面的专业能力,包括:

(1)环境的创设与利用能力。能建立良好的师幼关系,帮助幼儿建立良好的同伴关系,让幼儿感到温暖和愉悦;建立班级秩序与规则,营造良好的班级氛围,让幼儿感受到安全、舒适;创设有助于促进幼儿成长、学习、游戏的教育环境。合理利用资源,为幼儿提供和制作适合的玩教具和学习材料,引发和支持幼儿的主动活动。

(2)一日生活的组织与保育能力。能合理安排和组织一日生活的各个环节,将教育灵活地渗透到一日生活中;学会科学照料幼儿日常生活,指导和协助保育员做好班级常规保育和卫生工作;充分利用各种教育契机,对幼儿进行随机教育。有效保护幼儿,及时处理幼儿的常见事故,危险情况优先救护幼儿。

（3）游戏活动的支持与引导能力。学会提供符合幼儿兴趣需要、年龄特点和发展目标的游戏条件；学会充分利用与合理设计游戏活动空间，提供丰富、适宜的游戏材料，支持、引发和促进幼儿的游戏。鼓励幼儿自主选择游戏内容、伙伴和材料，支持幼儿主动地、创造性地开展游戏，充分体验游戏的快乐和满足。引导幼儿在游戏活动中获得身体、认知、语言和社会性等多方面的发展。

（4）教育活动的计划与实施能力。学会制订阶段性的教育活动计划和具体活动方案。在教育活动中观察幼儿，根据幼儿的表现和需要，调整活动，给予适宜的指导。在教育活动的设计和实施中体现趣味性、综合性和生活化，灵活运用各种组织形式和适宜的教育方式。提供更多的操作探索、交流合作、表达表现的机会，支持和促进幼儿主动学习。

（5）激励与评价能力。关注幼儿日常表现，及时发现和赏识每个幼儿的点滴进步，注重激发和保护幼儿的积极性、自信心。有效运用观察、谈话、家园联系、作品分析等多种方法，客观、全面地了解和评价幼儿。有效运用评价结果，指导下一步教育活动的开展。

（6）沟通与合作能力。使用符合幼儿年龄特点的语言进行保教工作。善于倾听，与幼儿进行有效沟通。与同事合作交流，分享经验和资源，共同发展。与家长进行有效沟通合作，共同促进幼儿发展。协助幼儿园与社区建立合作互助的良好关系。

（7）反思与发展能力。主动收集分析相关信息，不断进行反思，改进保教工作。针对保教工作中的现实需要与问题，进行探索和研究。制定专业发展规划，不断提高自身专业素质。

（三）心理准备

进入幼儿园见习实习，学生要从一名在校生转变为一名"准幼儿园教师"，要熟悉和适应社会角色、生活学习环境及学习内容等诸多变化。因此，教育见习实习之前的心理准备非常重要。

1. 转换角色

作为一名学前教育专业学生，在见习或实习前仍属于学生角色，到幼儿园从学生角色转换到教师角色是一种新的尝试。因此，角色转换是实习生活的第一课。

（1）尽快适应新环境。初次进入幼儿园，环境发生了很大的变化，开始有了工作的压力，承担的责任，独自面对的困难，生活中的不便，成功的喜悦和失败的气馁……种种不适应、各种新问题接踵而来。因此，在见习实习前学生应做好充分的思想准备，保持积极的心态，尽快适应新环境。

（2）尽快适应新角色。在见习或实习开始前，要了解幼儿园教师的职责和要求，了解幼儿园的规章制度，做好心理准备，尽快适应角色，接受幼儿园教师角色的规范和行为模式，并按照教师角色要求自己，处理好各种关系，努力成为幼儿学习活动的支持者、引导者和合作者。

2. 良好的自我形象和礼仪

在幼儿心中，教师的形象是无比高大的，教师是幼儿学习的榜样，是幼儿敬仰和崇拜的对象。教师的每一句话、每一个行为都会给幼儿留下深刻的印象和潜移默化的影响。因此，准教师也要注重自己的仪表和举止，举手投足和仪态穿着都要大方整洁。具体要求如下：

（1）仪容仪表自然和谐、大方得体。实习生在幼儿园需要参与和开展各种各样的活动。衣着上应活泼大方，大小得体，便于活动。去幼儿园见习实习时适合穿轻便、色彩柔和的休闲装或运动装，不穿过于夸张的奇装异服，不穿露透和过短的服装。配以舒服和便于行走的运动鞋、平底鞋，女生尽量不穿高跟鞋。女生可以略施粉黛，但不可过于浓妆艳抹，不使用有强烈刺激性气味的化妆品。头发应前不挡眼后不披肩，过肩长发应束起或盘起，发型不夸张，不染夸张彩发（如红、蓝、金黄等）。勤洗手、勤剪指甲，不留长指甲，不涂色彩鲜艳的指甲油。牙齿洁白，口腔无异味，保持眼部整洁，不戴墨镜和有色眼镜。和幼儿互动时不适宜佩带戒指、耳环和耳钉及太夸张复杂的胸饰，所戴佩饰应符合卫生和安全要求。

（2）行为举止亲切规范、端正文雅。实习生应尽可能做到姿态端正、大方、自然、规范。真诚微笑，神态自然，给人亲切、和蔼、可信之感，不故意掩盖笑容，忌面色阴沉、横眉立目。站立时，体态挺拔，站立自然，挺胸收腹，头微上仰，两手自然下垂，面带微笑，不双手插袋，不抱胸；行走时，走姿稳健，头正胸挺，双肩放平，两臂自然摆动，双目平视，不左顾右盼，随时问候老师、幼儿或家长等，忌连蹦带跳或步履过缓，不可多人并排而行；坐姿端正，腰背挺直，面带微笑，双手自然搭在双腿上，双膝靠拢，双腿正放或侧放，不抖腿，两腿平放或交叠；手势自然、适度，曲线柔美，动作缓慢，力度适中，左右摆动，不宜过宽；交谈姿态以站姿为主，自然亲切，对幼儿可采取对坐、蹲下、搂抱，尽量与交谈方保持相应的高度。蹲着时，身体直立，双膝靠近，臀部向下，脚掌支撑，不可在行走中突然下蹲。忌拘谨僵硬、当众搔头、抓痒，与人交流时不双手交叉抱臂或双手后背。

（3）待人接物言语文明，主动热情。实习生应举止温文尔雅，时刻面带微笑，保持恰当的目光，不失教师风度。注意个人卫生，各类物品按要求摆放整齐，不乱扔废弃物，不在幼儿园内吃零食，不在幼儿面前频繁使用手机。遇到冲突时，要以礼待人，语言亲和友善。说话时用词规范，使用普通话，多用请、谢谢、对不起等礼貌用语，语气得体，语调适中，说话时注视对方，以示尊重。不使用粗俗语言，不恶语伤人。在与幼儿谈话时，语言应生动、有趣，吐字咬字清晰准确；在开展活动或讲故事时，要抑扬顿挫，活泼欢快，精神饱满，亲切温柔。

3. 甘于吃苦，乐于奉献

见习与实习是"苦事情"，幼儿园工作琐碎而平凡，同时也复杂多变。幼儿园教师既担负着对幼儿实施全面发展教育的任务，也担负着对幼儿养护、保育和照料的任务。在幼儿园里，实习生和教师不仅要照料幼儿的生活起居，饮食睡眠，还要组织幼儿开展教学、游戏、户外运动等各项活动。还要创设与幼儿发展相适应的环境，组织幼儿园一日生活。可以说，作为幼儿园教师，既是生活照顾者，也是行为观察者，课程建构者，活动指导者和资源整合者。幼儿园教师角色的多重属性决定了其劳动的繁重性和创造性，这也是幼儿园教师区别于其他教师的特点。所以，学生在见习实习前要做好吃苦的思想准备。要主动承担责任，对工作要一丝不苟，不拈轻怕重，不怕脏累，要眼勤、手勤、脚勤、嘴巴勤，在实践中不断锻炼自己。

4. 学会调控情绪，保持积极心态

实习生要有稳定良好的情绪，面对见习和实习中的困难和挫折，由于缺乏实践经验和应有的技巧，容易对自己的能力和知识产生怀疑，甚至开始畏惧和厌烦幼儿园教师职业。因此教师时刻意识到不良情绪容易给幼儿造成不良影响，应保持开阔的心胸，善于调节、控制自己不良情绪。要对自己充满信心，每一位幼儿教师都会经历一个成长的过程，需要有经验和技巧的积累。只要有信心，就一定能成为一名优秀的幼儿园教师。同时，自尊自信的教师也会给幼儿树立一个良好的榜样，使他们在潜移默化中学习到良好的个性品质。

四、学前教育专业见习和实习的过程

学前教育专业见习和实习的具体安排与各学校的制度以及实际情况密切相关。有些学校采

取每学期见习一周的形式，有的学校采取分散见习的形式，也有二者相结合的形式。在教育实践学时保障方面，以某所院校为例，该校充分落实《教育部关于加强师范生教育实践的意见》精神，调整师范类专业教师教育类课程以及教育见习和实习的学时，增加教育实践学时，教育见习和实习时间达到18周，分别是大一随课程见习，大二上、下学期共2周，大三上、下学期共2周，大四上学期实习12周，下学期跟岗实习2周。学校制定了有关见习实习系列规定和制度，明确教育实践目标任务，研究制定具体实施方案，切实将教育实践贯穿在学前教育师资培养全过程。学院对教育实践基地的建设原则、主要职责、建设和管理办法等进行了详细规定，明确了师范生教育实践基地的遴选标准，严格规范实践教学各环节。每次见习和实习工作正式开展前，会制定详细的实践教学安排，提前向合作基地提供《学前教育专业见习实习联系函》，详细介绍见实习目的、内容、任务、时间和具体安排。在管理方式上实行"高校带队教师和基地指导教师"共同指导的方式，每所见习和实习基地安排一到两名带队教师，幼儿园为每位学生配备一位实践指导教师，同时学院教学院长和系主任作为实习见习领导小组成员，保障见习和实习工作落实。

在见习和实习过程中应注重把学前教育理论与保教实践相结合，突出保教实践能力；注重发展学生观察幼儿、理解幼儿、研究幼儿的能力，全面提升他们的保教工作专业化水平；坚持实践、反思、再实践、再反思，不断提高专业能力，提出了以课程实践、教育实践、社会实践为一体的"全程实践"的人才培养模式。实践教学和科研创新活动贯穿在四年学习的全过程，组成了一个有明确的教学要求和考核办法，内容前后衔接、循序渐进、层次分明的全程实践教学体系。

在进入见习实习之前，提前对学生进行教育学、心理学、专业理论知识、专业知识素养、授课基本功等方面的培训和指导，确保学生在进入见习实习阶段前具有充足的理论知识储备和基本教学技能，确保实习前根据基地的实际情况做好分组、安全教育、师德师风教育等工作；在进入实习基地后，各个实习基地负责安排实习学生承担教学任务，为他们配备实习指导老师，提供必要的便利条件，做到与培养单位保持及时的沟通和反馈，保证实习的顺利进行。在整个实习过程中，各级地方教育实务部门协助学院和实习基地间的沟通和交流，建立流畅、高效、和谐、共赢的协同培养渠道。

（一）学前教育见习和实习的安排

某学院学前教育专业"渐进式"教育实践学期安排如下。

学期与实践安排	参与方式	见习或实习任务简要说明和相关要求
1. 见习	观察调查	见习准备：熟悉学前教育见习任务、了解见习相关规章制度和安全举措，结合《学前教育专业导论》课程对应的要求做好相关记录 观察：见习幼儿园外部环境、幼儿园概貌和基本情况、幼儿园一日生活安排，基本教学设施、用房布局 观察：观察幼儿的生理发展特点，尝试和幼儿进行简单互动 访谈：听取园长介绍幼儿园的整体情况和办园特色等，有机会访谈一位教师或工作人员，了解教师或工作人员的工作职责

续表

学期与实践安排	参与方式	见习或实习任务简要说明和相关要求
2. 见习	观察调查	观察：见习幼儿园室内外环境、见习幼儿园基本情况，班级常规管理 观察：观察幼儿在园一日生活表现，重点观察幼儿在生活环节中的表现 观察：观察幼儿园一日生活中各环节的保育工作，记录保育工作内容 访谈：访谈教师或保育员对幼儿园保育工作的认知 观察：结合《3—6岁儿童学习与发展指南》，观察幼儿健康领域的发展特点
3. 见习	观察访谈参与	观察：见习幼儿园整体文化氛围，熟悉幼儿园的工作流程 观察：了解新生入园焦虑表现，学习教师应对新生入园焦虑的对策 观察：幼儿心理发展特点，重点观察语言领域发展特点，尝试给幼儿讲故事，并进行记录 参与：配合教师参与部分适宜性活动
4. 见习	观察访谈参与	观察：了解教师如何根据幼儿身心特点设计游戏活动，做好游戏活动相关记录 观察：了解幼儿园游戏环境的创设，并尝试配合教师进行游戏环境布置 观察：幼儿心理发展特点，重点观察社会领域发展特点，尝试和幼儿一起玩游戏 参与：尝试配合教师参与一日生活的组织与管理
5. 见习	观察调查参与	观察：分组进班，观察幼儿在规则游戏和创造性游戏中的发展水平，并进行记录 观察：观摩幼儿园组织集体教学活动，学习设计和组织幼儿园健康教育、科学教育、社会教育等活动 观察：结合《3—6岁儿童学习与发展指南》重点观察幼儿科学领域发展特点，并进行评价 访谈：幼儿园家园合作的方法和途径等 访谈：幼儿园课程实施的状况
6. 见习	观察调查参与	观察：重点观摩幼儿园教师组织集体艺术领域和语言领域的活动 综合：结合《3—6岁儿童学习与发展指南》重点观察幼儿艺术领域发展特点 访谈：幼儿园与家庭、社区合作的方法和途径 观察：关注幼儿园特殊需要儿童，并记录该幼儿的发展水平，尝试写出个别化教学计划
7. 实习	观察调查参与	全面熟悉幼儿园保育工作，配合保育老师参与部分保育工作 全面熟悉幼儿园教育工作，加深对幼儿园教育任务的理解 增进教育情怀，增强热爱幼教工作、热爱幼儿的思想情感，增强事业心和工作责任感 把所学业的基本理论、基本知识和基本技能初步地综合运用于实际教育工作。在实践中检验、巩固、提高、丰富所学理论知识和技能，树立正确的教育思想
8. 实习	观察调查参与	进行幼儿园跟岗实习，遵循为学生创造更多就业机会的原则，学校允许学生在办理相关手续后，自行联系实习单位进行跟岗实习，继续加强自身的实践能力。同时在实习过程中，结合自己的研究课题进行研究，搜集数据，完成毕业论文（设计），具备从事幼儿园教育教学和研究的能力

（二）学前教育专业见习和实习的组织流程

1. 学前教育专业见习组织流程

2. 学前教育专业实习组织流程

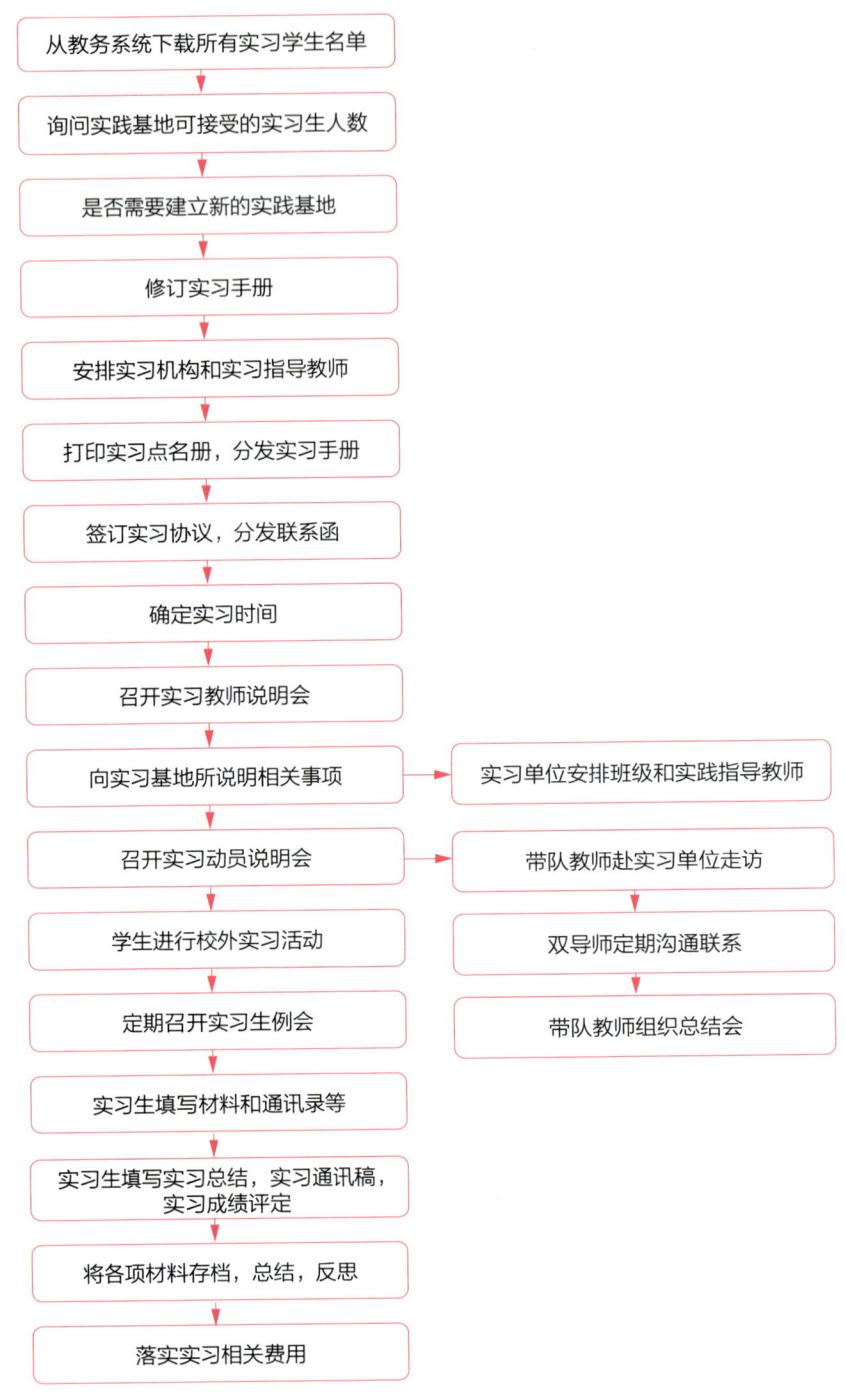

五、学前教育专业见习和实习的评价

依据不同的评价标准，教育见习和实习评价有不同的分类方法。在保教见习和实习活动中常见的评价方法主要有三种形式，即终结性评价与形成性评价、自我评价与他人评价、定量评价与定性评价。

（一）教育实习评价的方式

1. 终结性评价与形成性评价

按照评价的功能、评价的时间和评价的次数，保教实习评价可以分为终结性评价和形成性评价两种。

终结性评价是指在实习活动结束时，针对总体实习效果进行的评价。它是对实习生在实习期间个人表现、能力、知识的运用等各方面的一个总的评定，并为确定实习效果提供依据，这种评价也被称为"事后的评价"。终结性评价主要关心的是实习活动所要达到的效果，即在实习结束后对实习取得的成绩与实习计划的差距进行比较、评价。终结性评价的主体是实习带队教师、幼儿园指导教师、实习组的其他同学和实习者自己。首先，终结性评价可以为实习工作的效果提供可靠的信息，即能够在实习结束后对实习的效果做出全面的反馈、总结、评价。其次，终结性评价可以使教师通过对实习生的成绩分析，发现实习活动的安排、教学活动中存在的主要问题，为以后的教学活动及实习活动的有效开展提供依据。但终结性评价要到实习结束才进行，所以反馈信息比较慢，对改进本次保教实习活动的意义不大。另外，终结性评价还可以对实习生的个人实习情况进行评定，可以预测实习生在日后幼儿园工作中的情况，可以帮助实习生寻找差距。终结性评价的实施是在实习结束后对实习生在保育工作、教育工作、班级工作的各个方面按标准进行评分。

形成性评价是指在保教实习的过程中进行的即时性评价。这种评价形式又称为"过程"中的评价。形成性评价可以在实习的过程中不断地获取信息，及时进行反馈，从而不断调整、修改保教实习的活动设计、方法，不断提高实习的效果。形成性评价的主体是实习生，评价方法以实习生的自我评价为主。形成性评价是一种动态的评价。评价的形式灵活机动，可以对学生实习中的一个环节进行及时的评价，也可以对一天活动进行评价，或者对实习过程分阶段进行评价，如每周进行的实习小总评，随时考察一个环节或活动的组织是否达到设定的目标，预期的教学目标是形成性评价的评定标准。这种评价可以随时帮助实习生把握实习过程中的得与失，为实习生下一阶段设计活动和组织幼儿教学活动提供依据。形成性评价的特点是关注活动的过程，强调的是在实习活动中认清现状、明确方向、发现问题、及时调整。对于没有达到的目标进行及时、有效的调整，即进行补偿性的教育活动，使实习生及时调节自己的活动方式以达到实习目标的要求。

为了提高保教实习工作的效果，应将两种方法有效地结合起来使用。在实习活动中，实习生要主动地进行即时评价，即形成性评价，将评价的结果运用到后面的实习活动中去；在实习结束后，指导教师要组织学生对整个实习活动进行总结和评价，总结个人和集体在实习中的成绩与问题，即终结性评价。做到取长补短，充分发挥两种评价手段的优点，在实习工作取得良好效果的同时，为以后的实习活动组织者积累翔实的第一手资料。

2. 自我评价与他人评价

按照评价的主体，保教实习评价可以分为自我评价和他人评价两种。

自我评价就是评价者对自己在保育、教育、班级管理实习中的活动组织状况进行的总结。比如，实习生在幼儿活动结束后对自己组织活动的自我总结，也包括实习生在实习结束所做的实习报告、实习总结等。自我评价是实习生对自己生理和心理特征的判断，是自我意识的重要组成部分。自我评价在保教实习评价中极其重要，学生自身的反思对活动的开展有着不可替代的作用，即掌握自我评价的方法对于开展好实习活动举足轻重。例如，实习结束时，学校要求实习生对自己实习期间的工作进行自评。这种评价简便易行，有利于激发被评价者的自信心。

但是，自评主观性比较大，易出现评价过高或过低的现象。为了防止自我评价中心理误差对实习的影响，在保教实习活动中实习生应重视对自己心理的主动调控：坚持科学的态度，进行适当的调控，有效地消除消极因素的影响，化消极因素为积极因素，更好地推动实习工作。

他人评价是指在保教实习活动中，实习指导教师、幼儿园、实习小组的同学以及实习活动中的其他相关人员，共同对某一个实习学生在保育活动、教育活动和班级管理活动以及实习的成果进行的评价。这种评价的主体是他人，是依据事先制定的评价标准对实习生所做出的评价。保教实习他人评价过程中，实习指导教师具有一定的权威性。指导教师在指导实习的过程中，全面地观察、了解、指导实习生开展实习活动，在评价过程中能够客观、公正地对实习生的保教活动做出评价，并以此为依据指导实习生发扬优点、改正缺点，圆满地完成实习任务。在实习结束时，实习指导教师要对每一个实习生做出总结性评价，评出实习成绩，加之学生对老师的信任，故指导教师的评价责任重大，评价客观可以激发学生的积极性，相反会引起学生的不良情绪反应，影响正常实习活动的进行。保教实习评价中的另一主体就是共同参与实习的学生。实习生之间的评价是指在实习活动中，实习生对某活动者或活动小组的评价。这种评价是一种同辈评价，其主要特点为，在这样的评价中可以提高评价者和被评价者的实习水平，在指出他人缺点的同时，也可以使得评价者对于自己的实习情况进行反思，共同得到进步。

为了更好地发挥实习生之间的评价作用，要求全体实习生都必须认真参与，实事求是、不讲私情，才能给予正确的判断，使之公平、合理，使同伴评价在整个教学活动中收到更为理想的效果。

3. 定量评价与定性评价

按照保教实习评价中所用的工具和对评价结果的表述形式，实习评价可以分为定量评价与定性评价。定量评价是用"等级"或"分数"对学生的实习情况进行的评价。也就是对实习的过程和结果以量化的方式进行评定。定量评价是在目前学前教育评价中运用得比较多、比较普遍的评价形式。例如，实习结束时，教师会用实习成绩来反映学生在实习中的效果。定量评价形式是通过数据来反映学生的实习情况，评价的结果便于进行数据处理，有利于提高评价的准确性，也便于区分出等级。但是，实习活动具有极端的复杂性，有些内容无法量化，而这些内容对教学过程来说又有极大的影响，仅靠定量来做判断是不合理、不全面的。也就是说，想通过简单的数据将复杂的实习情况反映出来，操作起来往往会失去评价的丰富性。而且，对于学生来说，无论是获得好的实习成绩，还是获得的实习成绩不理想，都只能看到简单而枯燥的数字，难以对实习中取得的成绩或者失误有足够的认识，影响实习评价的实际效果。

定性评价是通过自然的观察，全面充分地对学生在实习中的各种现象进行评价，这种评价一般采用评语的形式表现出来，这样的评价既对学生的实习成绩给予肯定，又可以将学生的问题指出来，这样显示了学生在实习中的特点，为学生的进一步学习提供了可供操作的依据。

定性评价的形式比较周到、全面，但在评价的过程中受主观因素的影响很大。评价者对于自己认为的好学生往往评价较高，对于自己眼里的"差"学生往往评价较低。这样就容易使评价失去一定的客观性，带有主观色彩。为了克服两种评价的缺点，新的评价体系要求定量评价和定性评价相结合，教师不能只用分数来评价学生的实习活动，而应该通过分析发现每个学生保教实习的能力，关注每个学生的点滴进步，用分数和评语共同来激励学生，促进学生的全面发展。在对学生进行定量评价时，加入定性评价内容，提高评价效度。评语要以鼓励为主，关注实习生的个体差异，且具有反馈作用。

（二）学前教育见习评价标准

作为见习教师，有必要了解见习生的评价标准。见习评价通常以见习作业、见习报告、阶段反思、合作参与等作为评价依据，以自我评价、带队教师评价和幼儿园指导教师评价综合评定的形式进行计算。见习报告评价标准由带队教师结合见习相关作业的完成情况来评定。学前教育见习成绩评定标准可分为优秀（90~100分）、良好（75~89分）、合格（60~74分）、不合格（60分以下），具体评定参考标准如下。

1. 优秀

（1）态度热情，认真细致做好见习工作，积极参与幼儿园保教工作，积极主动地以适宜的方式向见习带队教师（或课程导师）、幼儿园教师提问，能协助教师安排见习工作，在见习中起到示范榜样作用。

（2）尊重幼儿，关心幼儿，尊重教师，严格遵守学校和幼儿园有关见习实习的各项规章制度，自觉全面地遵守实习生守则。

（3）高质量地及时完成各项见习作业及任务，协助整理相关材料文档。

（4）与同伴积极配合，有团队合作意识，共同提高，善于沟通协调。

2. 良好

（1）态度认真，能准时参加见习，较好地参与幼儿园保教工作，遵守学校和幼儿园各项规章制度。

（2）尊重幼儿、关心幼儿，与同伴配合较好，有一定的沟通协调能力。

（3）及时完成各项见习任务和作业，作业完成度达到"良好"及以上水平。

3. 合格

（1）见习态度较端正，能够完成见习相关任务，参与保教工作。

（2）尊重幼儿，基本遵守幼儿园和学校各项规章制度。

（3）能按时完成各项见习作业和任务，质量"中等"。

4. 不合格

（1）见习态度不端正，无故缺席、迟到或早退，请假时间在两天以上（含两天）。

（2）不服从指导教师安排，用不适宜的态度对待幼儿。

（3）背后不专业评论教师或幼儿，违反实习生守则。

（4）作业完成不及时，作业质量较差。

说明：评为"优秀"者，必须符合全部4个条件；评为"良好"，必须符合全部3个条件；评为"合格"，必须符合全部3个条件；当出现"不合格"标准中的任何一种行为时，该学生的成绩即为不合格。

（三）学前教育实习评价标准

实习评价可以从专业理念与师德、保育工作、教育工作等方面来进行考查，采用自我评价、同伴评价、幼儿园指导教师评价及高校带队教师评价相结合的方法来进行综合评定。专业实习评分可参考以下标准。

1. 优秀

（1）专业师德与理念：热爱学前教育事业，严格履行教师职业道德规范，对幼儿园保教工作充满热情，尊重、关心幼儿，尊重教师和家长，严格遵守幼儿园和学校各项规章制度，自尊自律，有较好的组织能力和合作能力，在实习工作中起到模范带头作用。

（2）对待幼儿：熟悉幼儿园一日生活，并能有意识地利用寻常时刻促进幼儿发展，能够尝试多种方法与幼儿建立信任关系，主动反思自己的教育行为并改进，能准确地分析和评价幼儿的发展，提出并运用灵活多样的支持策略。

（3）对待工作：积极主动地协助幼儿园教师做好保育工作和各项教育活动，与同伴和指导教师、家长等建立良好的合作关系，主动参与班级环境创设与相关管理工作，卓有成效。

（4）对待同伴：能积极参与相互观摩和集体讨论，提出有意义的问题和建议，在实践中主动给予同伴有益的帮助。

（5）能按时高质量地完成观察作业、听课笔记、教案设计、实习手册等，能积极撰写实习通讯稿件，善于学习、善于反思。

2. 良好

（1）专业师德与理念：遵守教师职业道德规范，认真对待幼儿园保教工作，尊重幼儿，尊重教师和家长，遵守幼儿园和学校各项规章制度。

（2）对待幼儿：熟悉幼儿园一日生活，理解日常生活环节所蕴含的教育价值，能与幼儿建立信任关系，能反思自己的教育行为并改进，能较准确地分析和评价幼儿的发展，提出并运用有效的支持策略。

（3）对待工作：能较好地协助幼儿园教师做好保育工作和各项教育活动，与同伴和指导教师、家长等建立合作关系，认真参与班级环境创设与相关管理工作，取得较好效果。

（4）对待同伴：能积极参与相互观摩和集体讨论，提出有意义的问题和建议，在实践中能给予同伴有益的帮助。

（5）能较好地及时完成观察作业、听课笔记、教案设计、实习手册等，能积极撰写实习通讯稿件，善于反思，有主动的学习意识。

3. 合格

（1）专业师德与理念：遵守教师职业道德规范，认真对待幼儿园保教工作，尊重幼儿，尊重教师和家长，遵守幼儿园和学校的各项规章制度。

（2）对待幼儿：了解幼儿园一日生活，基本熟悉幼儿园为幼儿创设的学习和发展环境，能与幼儿建立平等关系，能反思自己的教育行为，能较合理地分析和评价幼儿的发展，并尝试运用一些方法。

（3）对待工作：能协助幼儿园教师做好保育工作和各项教育活动，与同伴和指导教师、家长等建立合作关系，参与班级环境创设与相关管理工作，取得一定效果。

（4）对待同伴：能够参与相互观摩和集体讨论，提出有价值的问题和建议，在实践中能给予同伴一定的帮助。

（5）能按时完成观察作业、听课笔记、教案设计、实习手册等，完成质量一般，愿意撰写实习通讯稿件，稿件质量较为一般。

4. 不合格

（1）不服从学校实习安排，不遵守幼儿园或学校相关的规章制度，无故缺席、迟到早退，或累计请假超过全部实习时间的十分之一，且不主动延长实习。

（2）对待幼儿：用不适宜的方式对待幼儿，背后很不专业地评价教师或幼儿。

（3）对待工作：没有完成学校规定的实习任务，累计听课或授课课时不足。

（4）对待同伴：不参与相互观摩和集体讨论，不愿给同伴提供帮助。

（5）不能按时完成观察作业、听课笔记、教案设计、实习手册等，或作业质量较差。

说明：评为"优秀"者，必须符合全部5个条件；评为"良好"，必须符合全部5个条件；评为"合格"，必须符合全部5个条件；当出现"不合格"标准中的任何一种行为时，该学生的成绩即为不合格。

见习指导篇

幼儿园一日活动与保育工作见习

对于刚刚进入大学校园的大多数学前教育专业的新生而言，他们在对自己未来即将从事的职业有着很多美好设想的同时，也对自己未来的职业定位有着诸多困惑，而大学一年级开设的众多公共课和专业基础课很难有效帮助他们解决这些困惑。在这个时期，可以结合《学前教育专业导论》等课程，融入短期的教育见习，帮助学生了解自己未来的职业及工作环境，对其今后的发展有着深远意义。通过对幼儿园等教育单位的参观，学前教育学生可以更加真实地了解自己未来工作的环境和工作的内容，通过对幼儿园教师日常教学和管理工作的观摩，学前教育学生可以更加准确地对自己未来从事的职业有更多的认识，通过跟幼儿和幼儿园教师的接触、交流，可以帮助他们更加清楚地知道自己在今后的大学学习过程中要重点关注的内容，培养他们的教育情怀，增进他们热爱幼教事业、热爱幼儿的理想信念。

任务一 幼儿园概貌调查

《幼儿园工作规程》中提到："幼儿园是对3周岁以上的学龄前幼儿实施保育和教育的机构。幼儿园教育是基础教育的重要组成部分，是学校教育制度的基础阶段。""幼儿园应当按照国家的相关规定设活动室、寝室、卫生间、保健室、综合活动室、厨房和办公用房等，并达到相应的建设标准。有条件的幼儿园应当优先扩大幼儿游戏和活动空间。""幼儿园应当有与其规模相适应的户外活动场地，配备必要的游戏和体育活动设施，创造条件开辟沙地、水池、种植园地等，并根据幼儿活动的需要绿化、美化园地。"根据《幼儿园工作规程》《幼儿园管理条例》和《幼儿园建设标准》等文件精神，教育者应有意识地创造各种条件，采取各种措施为幼儿提供安全保障，促进他们身心健康成长。因此，对幼儿园基本状况进行了解是学生熟悉未来教育环境，建立职业认同的基础。

一、幼儿园概貌调查目的和内容

调查、了解幼儿园的基本情况，包括：
（1）了解幼儿园性质、规模、占地面积、建筑面积、绿化面积等。
（2）调查幼儿园幼儿人数、班级数，幼儿教师配备情况，师幼比等。
（3）调查幼儿园园内各功能室的配置与使用情况。

二、调查情况（表1-1-1）

表1-1-1 幼儿园基本概况调查

幼儿园：		地理位置：城区□	乡镇□	
日期：		调查者：		
幼儿园性质：公办园□	普惠性民办园□		其他民办园□	
幼儿园等级：省示范园□	省优质园□		市优质园□	合格园□
幼儿园获得的荣誉称号：				

续表

幼儿园规模： 共有班级（　）个，在园幼儿园人数（　） 其中小班（　）个，每班（　）人 中班（　）个，每班（　）人 大班（　）个，每班（　）人 托班（　）个，每班（　）人
幼儿园教职员工情况： 共有教职员工（　）人：其中专任教师（　）人，保育员（　）人 专任教师学历：专科及以上（　）人
幼儿园用地： 占地面积（　）平方米；建筑面积（　）平方米 绿化面积（　）平方米；户外活动面积（　）平方米
幼儿园选址是否符合下列原则： □地质条件较好，环境适宜，空气流通、日照充足、交通方便、排水通畅、基础设施完善、周边绿色植被丰富 □与铁路、高速公路、机场等有足够安全、卫生的防护距离。避开主要交通干道、建筑的阴影区 □避开地震危险地段，以及可能发生地质灾害等不安全地带 □不与娱乐场所、集贸市场、污水处理站等喧闹脏乱、不利于幼儿身心健康的场所毗邻
全日制幼儿园各项用房配置观察记录

用房类别	名称	从位置、使用面积、朝向、容纳人数等进行记录
活动用房	活动室	
	寝室	
	盥洗室	
	多功能活动室	
	幼儿图书室	
	美工活动室	
	科学发现室	
	其他特色活动室	
服务用房	行政办公室	
	教师办公室	
	会议室	
	保健观察室	
	晨检接待室	
	其他	
附属用房	厨房	
	配电室	
	储藏室	
	门卫收发室	
	教职工卫生间	
	其他	

备注：若无相关项目，填"无"，若相关项目共用一室，请注明。

三、调查反思

通过调查和了解，你认为所见习的幼儿园各种场所、功能室是否齐全？有何特色？如有问题，应该如何改进？

任务二　幼儿园一日活动观摩

幼儿园一日生活是指根据幼儿的年龄特征和成长规律安排幼儿在幼儿园的一天生活，包括饮食、睡觉、学习和活动等内容，合理安排、科学划分，保障幼儿的健康成长。幼儿园一日生活的每一个环节都有其特定的时间、空间要求和固定的内容，为了指导幼儿园科学、合理地安排和组织一日活动，《纲要》提出了以下几个方面的要求：

（1）时间安排应有相对的稳定性与灵活性，既有利于形成秩序，又能满足幼儿的合理需要，照顾到个体差异。

（2）教师直接指导的活动和间接指导的活动相结合，保证幼儿每天有适当的自主选择和自由活动时间。教师直接指导的集体活动要能保证幼儿的积极参与，避免时间的隐形浪费。

（3）尽量减少不必要的集体行动和过渡环节，减少和消除消极等待现象。

（4）建立良好的常规，避免不必要的管理行为，逐步引导幼儿学习自我管理。

一、幼儿园一日活动观摩的目的及内容

（1）一日活动皆课程，通过在幼儿园观摩一日活动，学生在真实的情境中，感受幼儿园教育的特点和富有童趣的环境氛围，激发学生对幼儿的喜爱和对学前教育事业的热爱。

（2）观察幼儿园教师和保育员等工作内容，初步了解他们的职业性质和工作的主要职责，提高对幼儿园教师职业的认知度。

（3）了解幼儿园一日生活中各个环节的安排，对幼儿园保教活动内容与组织形式有初步的了解和感知，能够科学区分幼儿园教育和小学教育、家庭教育的差异。

（4）通过观察一日活动，了解当前幼儿园对教师、保育员的职业素养要求和岗位需求，思考学前教育专业的特点，为今后的专业学习打好基础，明确学习方向。

（5）提升环境适应能力，增强社会实践水平，为将来进入幼儿园工作奠定良好的心理基础。

二、幼儿园一日活动观摩要点

对照表1-2-1中的要求，观察幼儿和教师在一日生活中各个环节的表现。

表 1-2-1 一日活动观察要点

一日生活环节	对幼儿的要求	教师和保育员的任务
1. 入园	（1）衣着整洁，有序入园 （2）和老师、小朋友见面问好，和家长礼貌告别 （3）自主签到，整理个人物品 （4）积极投入晨间活动	（1）事先做好入园准备，保持幼儿园内外的清洁卫生 （2）热情、亲切地接待幼儿，有礼貌地向家长问好，用简洁的语言了解幼儿在家的情况，听取家长的建议和意见，做好个别幼儿的衣物、药品、营养品等交接工作 （3）做好晨检工作。一般方法是：一摸，额头是否发烧，腮腺是否肿大；二看，脸色、皮肤、眼神和咽喉是否异常；三问，身体有无不适，了解幼儿在家的饮食、睡觉和大小便情况；四查，有无携带不安全物品 （4）积极引导幼儿晨间活动。准备好活动材料和玩具，引导幼儿参加晨间活动，根据幼儿的兴趣和爱好，自由选择活动内容和伙伴，注意个别教育，对不爱活动、性格孤僻的幼儿要个别关照，给予帮助 （5）教育幼儿养成良好习惯。教育幼儿学会保持活动室的整洁、有序和美观。让幼儿参加力所能及的劳动，培养幼儿自己的事情自己做、热爱劳动、团结合作的优良品质
2. 早操	（1）听从指挥，有序进场，统一行动 （2）集中精神，动作规范，遵守活动常规，达到锻炼身体的目的 （3）爱护公物，用完后放回原处，注意安全 （4）自主选择户外体育活动场地和器材，和同伴开展户外活动	（1）做好准备工作，场地安全，户外游戏材料充足 （2）尊重幼儿成长规律，控制活动密度 （3）加强组织和安全管理，避免发生意外 （4）创新活动内容，提高幼儿活动积极性
3. 教育活动	（1）积极参与集体活动，主动思考、发言，专注投入 （2）遵守活动常规，能在集体活动中大胆发言，和同伴交流讨论，分享自己的想法 （3）养成动脑、动手和手脑并用的习惯	（1）活动前做好准备工作：准备好教具学具，了解幼儿的兴趣和实际水平，明确教育目的，做好教育活动的计划 （2）活动中，教育内容合理安排，教学方法灵活多样，以幼儿为本，注重培养幼儿主动学习，注意全体教育与个别教育相结合 （3）学会自我反思，记录分析幼儿的学习情况，积累经验，提高教学水平
4. 饮水	（1）自觉养成喝水的习惯 （2）用自己的水杯喝水，用完后放回原处 （3）不喝生水，节约用水	（1）幼儿水杯消毒，有序摆放水杯，标示幼儿名字 （2）准备充足、清洁的饮用水，教育幼儿不喝生水，不暴饮，讲究饮水卫生，节约用水
5. 过渡	（1）劳逸结合，注意休息 （2）积极参加游戏活动 （3）和其他小朋友友好相处，不吵架、不打架	（1）提醒幼儿上厕所 （2）组织游戏活动，丰富幼儿生活，注意动静交替，可到户外进行 （3）保持幼儿活动在教师的视线范围内，关注幼儿活动，保证安全 （4）在饭前半小时转入安静状态，准备盥洗、进餐

续表

一日生活环节	对幼儿的要求	教师和保育员的任务
6. 盥洗	（1）自觉养成饭前便后要洗手、饭后漱口或刷牙的良好生活习惯 （2）用流动水盥洗，学会自己洗脸、洗手、漱口或刷牙，用自己的毛巾和其他卫生用品 （3）有序盥洗，节约用水，不玩水，保持衣物和地板清洁	（1）有序组织幼儿盥洗 （2）做好幼儿盥洗准备，分类保管幼儿卫生用品 （3）教会幼儿正确洗手、洗脸的方法，小班幼儿会漱口、中大班幼儿会刷牙 （4）监督幼儿盥洗，盥洗后一一检查，合格后方可离开
7. 进餐	（1）愉快、安静、文明地进餐，尝试自主进餐，根据自己的食量拿取适当的饭菜 （2）正确使用餐具，一只手拿勺子或筷子，另一只手扶住碗，喝汤时两手端着碗 （3）不挑食，不偏食，不暴食，珍惜粮食 （4）学会收拾碗筷，吃完后会用毛巾擦嘴	（1）营造轻松愉悦的进餐环境，有序组织幼儿进餐 （2）做好幼儿进餐准备，有序摆放餐具、桌椅 （3）分发饭菜，添汤添饭 （4）提醒吃完的幼儿主动送还餐具，并擦脸、擦手、漱口 （5）餐后及时打扫地面，擦桌子 （6）完成餐具、茶水的搬送工作
8. 午睡	（1）轻轻走进午睡室，不打扰别人 （2）学会自己穿脱衣服、鞋袜等，摆放整齐 （3）能快速入睡，正确睡姿，不趴着睡、不蒙着头睡，不打扰他人 （4）醒来后情绪愉快，学习自己穿衣、穿鞋，整理床铺等	（1）有序组织幼儿午睡 （2）指导幼儿正确睡姿，随时观察幼儿睡姿，及时纠正 （3）关注幼儿精神和情绪，防止生病等突发事件 （4）起床后，提醒幼儿自己穿衣、穿鞋 （5）检查幼儿穿衣情况 （6）指导幼儿整理床上用品，培养独立意识和自理能力
9. 户外游戏、自由活动等	（1）和老师、同伴一起做户外游戏、自由活动等准备 （2）积极参与活动 （3）听从老师指导，在规定场地活动，不乱跑，不乱叫，遵守纪律 （4）爱护公物 （5）对同伴友好谦让，相互合作、帮助	（1）保证幼儿每天户外活动时间不少于2小时，合理安排户外活动时间 （2）组织和指导幼儿的活动，提供必要场地、材料、工具等，做好观察记录，及时调整活动内容 （3）留心看护，注意安全
10. 离园	（1）收拾学习用具、玩具等，做好离园准备 （2）有礼貌地和老师、小朋友告别 （3）不跟随陌生人离园	（1）提醒幼儿检查自己携带回家的物品 （2）检查幼儿是否穿戴整齐 （3）做好家园联系工作 （4）关好门窗、电器等，安全离园

三、观察记录（表1-2-2至表1-2-5）

表1-2-2　幼儿园一日活动观察记录

幼儿园：		班级：	日期：
时间	环节	主要活动内容	全班幼儿参与活动情况
7：30—8：20	入园	晨检，整理个人物品，自由游戏等	大部分幼儿按时入园，情绪良好，能自主签到，并将书包放入指定柜子，开展桌面游戏

表1-2-3　幼儿园教师一日工作流程观察记录

幼儿园：		班级：	观察对象：	日期：
工作时间	工作环节	教师工作内容记录		
7：30—8：00	入园			

跟随并记录一名幼儿园教师的一天工作流程，记录幼儿园教师一日工作任务、主要工作内容，思考幼儿园教师的工作职责。

表 1-2-4　幼儿园保育员一日工作流程观察记录

幼儿园：		班级：	观察对象：	日期：
工作时间	工作环节	保育员工作内容		
7：30—8：00	入园			

跟随并记录一名幼儿园保育员的一天工作流程，记录保育员一日工作任务、主要工作内容，思考保育员的工作职责。

表 1-2-5　幼儿生活片段观察记录

观察目的：尝试观察并记录一名幼儿在一日生活中的几个片段，初步了解幼儿的年龄特征			
观察对象：	班级：	性别：	实足年龄：

观察该幼儿 10 分钟左右的一个独自活动片段，描述其独自活动过程：

观察该幼儿与同伴互动的一个片段，描述同伴互动过程：

观察该幼儿与教师互动的一个片段，描述师幼互动的过程：

尝试与幼儿进行一次随机谈话，描述你和幼儿的谈话内容：

结合以上观察内容，分析该幼儿的特点：

谈谈你对幼儿的认知：

四、见习感悟(表1-2-6)

表 1-2-6 初次见习感悟

幼儿园:	班级:	日期:
第一次参观幼儿园,接触幼儿园教师和工作人员,接触幼儿,你一定有很多想说的话要说。请结合你的所见所闻,所思所想,谈谈你在见习前后对幼儿园教师工作的认识。		
对教师工作的认识:		
对保育员工作的认识:		
对幼儿的认识:		
对学前教育专业的认识:		
未来的职业规划与理想:		

任务三 幼儿园保育工作见习

幼儿园保育工作非常重要,对于3~6岁幼儿而言,他们的身体能否得到健康发育,他们的心理能否得到精心呵护,他们在幼儿园的生活是否有"质量",直接与保育工作息息相关。要想成为一名称职的幼儿园教师,首先要学会做好保育工作,只有通过日复一日地对幼儿耐心细致的观察和照顾,教师才能逐渐加深对幼儿的了解,积累保教经验,树立责任意识。幼儿园保育工作的范围广泛,涉及幼儿园保健管理、膳食营养、健康检查、消毒隔离、疾病预防、安全工作等。通过见习,熟悉保育工作内容和流程,发展对保育工作关注、敏感、友好、支持的专业素质,是学前教育学生重要的学习内容。

一、幼儿园保育工作见习的目的与内容

（1）熟悉幼儿园一日生活中各个环节的名称和时间段，记录各环节所需要做的保育工作。
（2）观察保育员和教师在一日生活中各个环节的保育工作内容。
（3）熟悉来园、离园、盥洗、饮食、睡眠、户外活动、教学活动、游戏活动中的保育工作内容和要求。

二、观察情况（表1-3-1至表1-3-10）

表1-3-1 入园环节的保育工作观察

幼儿园：	班级：	日期：	
项目	观察要点		观察结果描述
1. 保育员的准备工作与精神状态	□保育员着装得体大方 □保育员情绪愉快，精神饱满 □保育员准备好相关卫生器材		
2. 活动室的通风、温度与光线	□活动室空气清新，无异味，通风良好 □活动内温度、湿度适宜，夏季：24～26℃，冬季：18～20℃ □活动室内光线充足，色彩柔和		
3. 活动室的清洁卫生状况	□活动室地面整洁、无垃圾，无污渍 □门窗玻璃干净透亮，纱窗和门窗无积尘 □墙面干净，室内家具摆放整齐，无尘垢 □玩具摆放有序，清洁无尘		
4. 活动室安全状况	□家具摆放平稳，窗前没有摆放方便幼儿爬窗的家具物品 □桌椅高度适合幼儿身高体型，木质家具无钉子凸起，无锋利尖角 □玩具消毒干净，无破损 □用电安全，插座无漏电，插座和接线板的高度不低于1.3米 □清洗消毒用品锁在柜子里或放在幼儿拿不到的地方 □开水瓶和教师茶杯放在幼儿无法拿到的地方 □自然角的动植物无腐烂死亡，如有，及时清理		
5. 幼儿盥洗用品与饮用水的准备	□备有清洗消毒好的擦手毛巾 □盥洗室内洗手肥皂、厕纸充足够用 □备有水温合适的饮用水		
6. 晨检环节的保育工作	□有专门保健医生进行晨检 □看幼儿精神状态是否饱满，看幼儿面色是否正常；对情绪不佳的幼儿，教师及时进行安抚 □摸幼儿额头或用测温仪测幼儿体温是否正常 □对有不适的幼儿，与其家长进行及时沟通，询问前一天和早晨幼儿在家的健康情况 □查看幼儿是否携带小物件入园，及时将有隐患的小物件进行保管		
7. 接待幼儿与家长	□入园接待时，教师态度热情积极，让幼儿感受到温暖和关爱 □带班教师主动向幼儿和家长问好，积极地回应幼儿的问好，和家长及时进行沟通 □引导幼儿将书包衣物等放在指定储物柜中，引导幼儿自主签到		
仔细观察某幼儿园入园环节的保育工作，对所观察到的现象进行分析评价，并提出合理建议。			

表 1-3-2 盥洗环节的保育工作观察

幼儿园：	班级：	日期：

项目	观察要点	观察结果描述
1. 盥洗室清洁卫生状况	□盥洗室地面洁净、干燥、无积水、无污渍 □毛巾架、水杯架、饮水桶摆放整齐，洁净无污渍 □洗手池、下水道无油腻、无污物 □便器刷洗干净，无异味、无污物	
2. 盥洗时的指导要点	□教师在幼儿入园后、饮水前、饭前便后及手脏时提醒幼儿洗手 □教师有意识地帮助幼儿养成良好的洗手习惯，教会幼儿正确的洗手方法 □提供洗手的步骤图示，提示幼儿动作顺序 □教师运用有趣的儿歌或直观形象的图片教会幼儿掌握正确的漱口方法，帮助幼儿养成饭后漱口的良好习惯 □教师有意识地培养幼儿掌握正确的刷牙方法，培养幼儿良好的刷牙习惯 □教师教会幼儿学习正确的洗脸方法	
仔细观察某幼儿园盥洗环节的保育工作，对在盥洗环节观察到的现象进行记录、分析，并提出合理建议。		

表 1-3-3 进餐环节的保育工作观察

幼儿园：	班级：	日期：

	项目	观察要点	观察结果描述
餐前准备	1. 营造良好的进餐环境	□餐前30分钟开始餐桌清洁、消毒和准备工作。教师或保育员洗净双手，配置好消毒液备用，按照"清水、消毒液、清水"的顺序对桌面及四周进行清洁、消毒 □为幼儿营造良好的进餐氛围。进餐前10分钟左右，可以组织幼儿进行一些安静的室内活动或轻松的安静游戏。也可以播放一些舒缓、轻柔的背景音乐	
	2. 指导幼儿餐前盥洗	□在饭菜刚刚取送到班上时请幼儿洗手 □分组盥洗，一位教师在盥洗室指导幼儿洗手，另一位教师组织其他幼儿活动 □幼儿洗完手后，保育员或教师将盥洗室地面水渍拖干	
	3. 分发餐具	□餐具符合幼儿年龄，小班幼儿使用勺子，中大班可以使用筷子。分发餐具时，不能用手直接抓握餐具的直接就餐部位。餐具摆放便于幼儿就餐	
	4. 指导幼儿做值日	□可以尝试安排值日生参与餐前准备环节的工作。例如，帮忙摆放椅子，分发餐具等	

续表

项目		观察要点	观察结果描述
进餐指导	1. 分餐与取餐	□在幼儿力所能及的情况下，鼓励幼儿尝试自主进餐。小班和中班上学期的幼儿可以在教师的指导下尝试自己取简单、不易洒的主食。中大班的幼儿逐渐学会自己盛取主食、菜和其他食物 □教师分餐时，先分主食，再分配菜，各种配菜要均等。分发饭菜时不要盛得太满 □引导幼儿排队取餐，提醒幼儿将餐具端平，避免泼洒，躲开障碍物。回到座位后，要先放餐具，再轻轻坐下，安静用餐	
	2. 培养良好的进餐习惯	□幼儿双脚平放，坐姿端正 □指导幼儿一手扶碗，一手拿勺子或筷子 □指导幼儿正确咀嚼，每一口食物不要过多，细嚼慢咽，双侧磨牙同时或轮流咀嚼，吃带骨肉或鱼时，咀嚼仔细 □指导幼儿正确使用勺子和筷子	
餐后整理		□为幼儿提供集中放置餐具的小桌子、餐车或盆，指导幼儿放回餐具时，轻轻摆放，不挤不抢。为每张餐桌准备一个放残渣的盘子或碗，供幼儿放置残渣等 □指导幼儿餐后擦嘴和漱口 □全体幼儿进餐结束后，要整理餐桌，清扫地面，保持环境卫生	
特殊体质幼儿的进餐护理		□营养不良幼儿的进餐护理：鼓励幼儿多进食，提醒幼儿认真进餐，可以把他们和一些进餐较快的幼儿安排在同一餐桌，必要时可以请厨房专门为其制作营养丰富且容易消化的营养餐 □单纯性肥胖幼儿的进餐护理：控制进餐速度，引导幼儿学会缓慢而放松地进食，鼓励幼儿慢慢咀嚼。控制进食量，减少主食摄入 □食物过敏幼儿的进餐护理：充分了解幼儿的过敏源，在制作食谱时，充分考虑食物过敏幼儿。不让幼儿接触和使用过敏食物，可以在幼儿进餐的地方张贴过敏幼儿的名单和过敏食物名称，作为提示	

仔细观察某幼儿园进餐环节的保育工作，对观察到的现象进行记录、分析，并提出合理建议。

表 1-3-4 加餐环节的保育工作观察

幼儿园：　　　　　班级：　　　　　日期：　　　　　观察者：
观察对象：

项目		观察要点	观察结果描述
饮品加餐	1. 牛奶	□确保幼儿喝的是新鲜、生产日期很近的牛奶 □加餐牛奶在秋、冬、春等季节天气较冷时需要加热，加热温度用手心感觉微烫为宜 □清洗、消毒喝牛奶的水杯 □喝牛奶时，幼儿应洗好手，双手端着杯子喝奶，喝完后自己将杯子拿回收纳容器处，并漱口	
	2. 酸奶	□酸奶应在 2～6℃保存，喝酸奶前最好先适当摇晃 □加强巡视，避免幼儿用吸管喝酸奶时发生意外	

续表

项目		观察要点	观察结果描述
饮品加餐	3. 果蔬水和绿豆汤	□可以根据当地季节特点和饮食特点,为幼儿提供富有营养、健康、可口的自制饮品	
水果加餐	1. 水果的准备	□最好是应季水果,在挑选水果时符合当地食品卫生监督部门的要求,一些不能削皮、不宜清洗的水果最好不要在幼儿园集体食用 □水果应清洗干净,保护水果的完整,避免外皮破裂 □削皮后的水果要尽快食用,以免氧化变色,放置时间不超过 30 分钟	
	2. 吃水果的指导	□每位幼儿每次吃水果的量一般在 150 克左右,水果过大时,可以将水果切块 □引导幼儿按秩序领取水果,不挑挑拣拣,细嚼慢咽。提醒幼儿将果核、果皮扔到指定地方。养成讲卫生的好习惯 □吃完水果后,冲洗水果盘、水果刀等,统一进行消毒	
	3. 小食品加餐	□适当提供一些饼干、蛋糕、小面包等,量不宜多 □准备盛装食品的小盘,尝试让幼儿根据自己的需要自主进餐	

仔细观察某幼儿园加餐环节的保育工作,对观察到的现象进行记录、分析,并提出合理建议。

表 1-3-5 饮水环节的保育工作观察

幼儿园:　　　　　　班级:　　　　　　日期:

项目	观察要点	观察结果描述
1. 一天饮水时间、频率、量的要求	□建议幼儿每天饮水 6～8 次,每次喝水量 100～150 毫升 □鼓励幼儿根据自己的需要主动饮水、随时饮水 □午睡前尽量不喝水,养成睡前排尿的好习惯	
2. 饮水环节的准备	□幼儿入园前,准备好全天饮水量,夏季为凉开水,春秋为温开水,冬季为温热开水 □饮水桶加盖并上锁,饮水桶或饮水机定期清洗、消毒 □鼓励幼儿自己倒水,自主控制水量	
3. 饮水环节的指导要点	□喝水前,指导幼儿把手洗干净 □不限制饮水量和饮水次数,关注每位幼儿的饮水量 □提醒幼儿不拥挤、不打闹,不要把鼻子深入水杯里 □提醒幼儿喝水前,用眼睛看看水有没有热气,摸摸水杯外壁烫不烫,嘴巴轻轻贴水试一试,关注水的温度是否适宜 □如遇洒水情况,教师或保育员及时帮助幼儿擦干 □通过游戏化的方式引导幼儿循序渐进地学会喝白开水,喜欢喝白开水	
4. 饮水用具的清洁	□有专门存放水杯的柜子,每个幼儿一格,格上做好明显标记 □指导幼儿喝完水后把水杯放回原位,注意水杯的存放卫生,放置时杯朝上,杯把朝外 □每天统一对水杯进行清洗和消毒	

仔细观察某幼儿园饮水环节的保育工作,对观察到的现象进行记录、分析,并提出合理建议。

表 1-3-6　如厕环节的保育工作观察

幼儿园：	班级：	日期：	观察者：
观察对象：			

项目	观察要点	观察结果描述
1. 卫生间的清洁卫生要求	□空气清新，无异味 □地面干爽，随时擦拭 □清洁物品分类摆放整齐，做好标识 □幼儿便池随时冲刷，尿渍便渍及时清理 □毛巾分开，晾晒干净，通风干燥，摆放整齐 □成人卫生间和幼儿卫生间分开，教师不使用幼儿卫生间	
2. 创设温馨、轻松的如厕环境	□为幼儿准备足够、长度合适的卫生纸，如果是蹲便，为幼儿设置小扶手，方便小班幼儿如厕时蹲下和站起 □利用墙面创设有趣的故事情境，帮助幼儿轻松如厕 □保护幼儿自尊心，对大小便弄在身上的幼儿做到不批评、不埋怨、不当众换洗，并耐心安慰幼儿 □鼓励幼儿遇到困难时主动寻求帮助 □和幼儿一起讨论、制定如厕规则，引导幼儿注意安全自护，人多时排好队，注意地面，小心台阶，当心滑倒	
3. 指导幼儿如厕的方法	**小班：** □关注小班幼儿大小便情况，当幼儿遇到困难时，及时给予帮助 **中班：** □鼓励幼儿自己学习擦屁股，引导幼儿自主完成如厕环节 □通过讲故事、说儿歌、集体讨论等多种方式引导幼儿知道有规律大小便，便后及时洗手 □可以把常规要求用图片形式贴在墙面上，提示幼儿主动如厕，不憋大小便，如厕后主动洗手，检查自己的衣服是否整理好，便后冲厕所等 **大班：** □教会幼儿正确使用卫生纸，引导幼儿观察小便颜色、大便形状，理解其与自身健康的关系 □有条件的幼儿园，可以安排男女幼儿分开如厕 □引导幼儿能在规定的便池内大小便，小便时对准便池，不尿在外边，提示女孩小便后从前往后擦屁股，便后用香皂洗手	

仔细观察某幼儿园如厕环节的保育工作，对观察到的现象进行记录、分析，并提出合理建议。

表 1-3-7　睡眠环节的保育工作观察

幼儿园：	班级：	日期：	观察者：
观察对象：			

项目	观察要点	观察结果描述
1. 睡眠室的清洁卫生	□家具设备摆放整齐，床上用品平整干净，折叠有序 □墙壁干净，有遮光窗帘和空调，睡眠室温馨柔和 □被褥至少每两周晾晒一次，拍打被褥上的粉尘，使被褥保持干净 □理想的睡眠室温度为 20～24℃，湿度为 50%～60%。冬季和夏季注意空调的合适使用，可提前半小时左右将睡眠室的空调打开，为幼儿营造一个舒适的睡眠空间	

续表

项目	观察要点	观察结果描述
2. 睡前准备	□睡前可以安排幼儿进行一些轻松、安静的活动 □午睡前，为幼儿铺好被子。邻床两名幼儿应交叉各睡一头，避免口对口呼吸 □午睡前提醒幼儿大小便，提醒并帮助幼儿解开辫子，摘下发卡、皮筋等头饰。松散头发更有利于幼儿睡眠 □检查幼儿是否携带小玩具、绳线等物品，排除安全隐患 □关闭窗户，拉好窗帘，避免冷风直吹幼儿 □可采用放轻柔的音乐、讲故事等方法营造午睡气氛，用手势代替语言，暗示幼儿保持安静，尽快入睡	
3. 午检	□睡前进行健康检查，重点关注幼儿的精神状态、体温等。熟悉手足口、水痘等幼儿常见传染病的症状和体征，对身体状况不佳的幼儿进行重点关注 □安全检查，检查幼儿口腔内是否有未吞咽的食物残渣，是否将小玩具、小线绳等带上床 □教师在给幼儿盖被子、掖被子的同时关注幼儿是否在玩玩具或手脚上是否有线 □起床午检，观察幼儿精神状态是否自然、平和，摸摸幼儿体温是否正常 □耐心安抚因没睡醒而哭闹的幼儿，做好午检记录	
4. 午睡中的护理	□关注幼儿午睡时的穿衣是否适合，秋、冬、春季，幼儿应穿秋衣秋裤午睡；夏季，幼儿应穿背心短裤午睡 □引导幼儿朝右睡，侧身睡。避免幼儿把手放在胸前 □加强巡视，细心观察幼儿的动向，注意听幼儿的呼吸是否正常，看幼儿的脸色、神态有无异常，摸幼儿的体温是否正常。充分重视幼儿午睡的安全，加强午睡的护理与管理 □对不愿意午睡的幼儿，可以转移注意力，或坐在他们旁边，摸摸头、拍拍背，给予幼儿一定的心理安慰 □提醒一些容易尿床的幼儿排便 □幼儿午睡时，教师不要在睡眠室闲谈或打瞌睡，保证睡眠室的安静	
5. 穿脱衣服环节的护理	□帮助幼儿学习正确的方法穿脱衣服。脱衣服的顺序：先换上拖鞋，把换下的鞋子摆放整齐，先脱裤子再脱上衣，便于保暖，防止着凉。穿衣服时先穿上衣再穿裤子 □引导幼儿将衣服折叠整齐并按规范摆放	
6. 起床的护理	□幼儿起床前，查看室内温度是否符合要求，检查活动室和盥洗室的窗户是否关好。提前打开空调，保持适宜的温度 □提前5分钟叫醒幼儿，让幼儿有一个缓冲时间，叫醒幼儿时要温柔，轻拍轻唤 □幼儿起床后，教师可以将被子翻过来，将被子晾一晾再整理 □引导幼儿迅速穿好衣服，先穿上衣，再穿裤子，最后穿鞋 □引导中大班幼儿学习自己整理床铺	
仔细观察并记录某幼儿园午睡环节的保育工作，对观察到的现象进行记录、分析，并提出合理建议。		

表1-3-8 户外活动中的保育工作观察

幼儿园：	班级：	日期：	观察者：

观察对象：

项目	观察要点	观察结果描述
1. 户外活动时间、场地、器械的安排与安全检查	□确保幼儿每日户外活动时间不少于2小时，可以根据天气情况，将户外活动时间移至中午或清晨 □夏季户外活动时，应有遮阳的地方，设有饮水处，可以给幼儿喷防蚊液，避免蚊虫叮咬 □天冷时可以选择朝阳处，在幼儿玩之前检查场地和大型器械表面，排除安全隐患 □户外活动的场地要宽敞、平坦、防滑，教师可以在适宜的地方张贴一些温馨的安全小提示，提醒幼儿注意活动安全。也可以鼓励幼儿自己制作安全小标志 □活动前检查器械是否损坏，动态的秋千、荡船等在周围和进出方向保留适当的安全距离，以免发生危险 □活动前准备数量充足的游戏玩具及材料，摆放在幼儿可自行取放的位置，定期修补玩具，及时更换材料。可以请幼儿参与材料的准备工作和整理收纳工作	
2. 幼儿运动前的准备与安全检查	□教师在户外活动前，提醒幼儿整理好自己的服装，着装要轻便、适合运动。教师着装也要便于和幼儿共同游戏、运动 □运动前，教师带领幼儿做好身体重点部位的准备活动 □活动前，教师要充分调动幼儿情绪，提高幼儿活动兴趣。播放充满动感活力的音乐，激发幼儿活动身体的愿望 □教师用自身饱满的情绪和精神状态感染幼儿，激发幼儿参与活动的兴趣	
3. 幼儿运动中的指导与安全护理	□在活动过程中，教师注意观察幼儿的运动量，通过观察幼儿的呼吸状况、面色、汗量等状况来判断活动量是否适宜 □根据季节、天气的变化调整运动内容和运动量，夏季酷暑时，适宜开展运动量较小的户外活动，如钻爬、平衡、投掷等运动，避免让幼儿大汗淋漓的情况。冬季严寒时，注意让幼儿充分做好热身活动，使运动量逐渐增加，适度开展一些跑步、跳跃等活动 □教给幼儿自我保护的方法。奔跑时，注意避免与其他幼儿相互碰撞。跌倒时，尽可能双手撑着身体，练习跳绳时，和同伴保持合适的距离，不随意推搡同伴，跳跃或快速奔跑时不说笑、不伸舌头；身体出现不舒服，及时告诉老师，出汗后不要立即脱衣服、摘帽子，不玩危险的运动，不从高处往硬地上跳等	
4. 幼儿运动后的指导与护理	□活动结束后，教师带领幼儿做整理活动，如散步、做放松操等 □带领幼儿回活动室前要准确核对人数，检查幼儿有无受损伤的情况 □回到活动室之后，教师要提醒幼儿用干毛巾将汗擦干，提醒幼儿及时穿上衣服，以免着凉 □户外玩具定期清洁，放在太阳下通风晾干	

仔细观察并记录某幼儿园户外活动环节的保育工作，对观察到的现象进行记录、分析，并提出合理建议。

表 1-3-9　幼儿园一周带量食谱的观察

| 幼儿园： | | 班级： | | 日期： | | 观察者： |

类别	星期一	星期二	星期三	星期四	星期五
早餐（若无则不记录）					
副餐					
午餐					
午点					
晚餐（若无则不记录）					

观察幼儿园一周带量膳食表，记录食物名称，根据各种食物的质量，计算各种食物提供的营养素。结合学前儿童各类食物每日推荐量计算表，分析各类食物需提供的分量多少和各类食物营养平衡问题。

（对一周膳食进行分析，一日三餐两点提供的热能是否大于平均推荐摄入量的 90% 以上；三种产能营养素的供能比例是否合理？全天或者一周的能量和营养素的摄入是否适宜？食物种类是否做到了多样化和同类互换？各类食物的量是否充足？）

表 1-3-10　幼儿园保育工作见习感悟与心得

| 幼儿园： | | 班级： | | 日期： | | 观察者： |

结合在幼儿园保育见习中的所见所闻，从保育工作的重要性、保育员工作职责、保育工作的管理、教师与保育员之间的配合等方面谈谈自己的感悟与心得。

模块二　观察和理解幼儿

见习中观察幼儿十分重要，在观察中理解幼儿，对提升学前教育学生专业素养起着至关重要的作用。观察幼儿包含两大方面：一是观察幼儿各方面的发展状况，包括幼儿的身体特征、气质、行为方式、交流交往方式、学习方式、适宜性行为等；二是观察幼儿的活动，包括生活活动、游戏活动和运动等。在见习中对幼儿的观察很难做到全面，这时候可以问一下自己："我最需要了解哪些幼儿？""我要了解他们什么？"以便提高观察的有效性。一般来说，见习生可以先重点观察自己见习班级的幼儿，结合教育学和心理学知识，在实践中学会解读幼儿的行为，并能对幼儿的发展进行分析评价，提出合理教育建议，采取合适的教育对策。

任务一　幼儿身体动作观察

身体发展是幼儿期主要发展任务之一。保障幼儿的身体健康在幼儿园教育工作中始终占据首要位置。在见习过程中，结合所学知识观察和发现幼儿身体动作发育的特点，熟悉幼儿身体动作发展的规律，为后续提供机会帮助幼儿练习动作打下良好基础。

一、幼儿身体动作观察的目标与内容

（1）能够了解粗大动作与精细动作的主要内容。
（2）能够进行幼儿动作发展的描述性观察记录。
（3）能够对3～6岁幼儿的粗大动作与精细动作进行观察评定。

二、观察记录（表2-1-1、表2-1-2）

表 2-1-1　幼儿粗大动作发展观察记录

观察目标：了解幼儿粗大动作发展的主要特点，能够对幼儿大动作发展进行观察评定	
观察方法：轶事记录法，检核法	
幼儿园：　　　　　班级：　　　　　观察日期： 观察对象：　　　　性别：　　　　　实足年龄：	
项目	幼儿行为表现
3～4岁	描述法、检核法
1. 能沿地面直线或在较窄的低矮物体上走一段距离 2. 能双脚灵活地交替上下楼梯 3. 能身体平稳地双脚连续向前跳 4. 分散跑时能躲避他人的碰撞 5. 能双手向上抛球 6. 能双手抓杠悬空吊起10秒左右 7. 能单手将沙包向前投掷2米左右 8. 能单脚连续向前跳2米左右 9. 能快跑15米左右	

续表

项目	幼儿行为表现
5 岁左右	
1. 能在较窄的低矮物体上平稳地走一段距离 2. 能以匍匐、膝盖悬空等多种方式钻爬 3. 能助跑跨跳过一定距离或一定高度的物体 4. 能与他人玩追逐、躲闪跑的游戏 5. 能连续自抛自接球 6. 能双手抓杠悬空吊起 15 秒左右 7. 能单手将沙包向前投掷 4 米左右 8. 能单脚连续向前跳 5 米左右 9. 能快跑 20 米左右	
6 岁左右	
1. 能在斜坡等地方较平稳地行走 2. 能以手脚并用的方式安全地爬攀登架、网等 3. 能连续跳绳 4. 能躲避他人滚过来的球或扔过来的沙包 5. 能连续拍球 6. 能双手抓杠悬空吊起 20 秒左右 7. 能单手将沙包向前投掷 5 米左右 8. 能单脚连续向前跳 8 米左右 9. 能快跑 25 米左右	

1. 对照幼儿粗大动作发展目标，利用见习机会观察一名或几名幼儿大动作发展的状况，分析幼儿粗大动作发展水平并提出合理教育建议。

2. 幼儿大动作发展的一般趋势是怎样的？运动技能和平衡性、协调性、耐力和控制力之间有什么关系？

3. 幼儿身体运动能力方面的差异可能是哪些因素造成的？

表 2-1-2　幼儿精细动作发展观察记录

观察目标：了解幼儿精细动作发展的主要特点，能够对幼儿精细动作发展进行观察评定	
观察方法：轶事记录法，检核法	
幼儿园：　　　　　班级：　　　　　观察日期： 观察对象：　　　　性别：　　　　　实足年龄：	
项目	表现
3～4 岁	描述法、检核法
1. 手腕转动灵活，能够控制抓握的方式 2. 能将珠子放入瓶中 3. 会用剪刀剪出直线或曲线 4. 能够协调使用勺子 5. 能够画出简单的线条、图形 6. 能拼 4 块以内的拼图	

续表

项目	幼儿行为表现
5岁左右	
1. 能够长时间抓握物体 2. 能准确穿珠子 3. 能够沿着画好的圆形、三角形的边线剪出图形 4. 会拉拉链、解纽扣、撕拉魔术贴等 5. 能自如画出圆形、方形、三角形等 6. 能用三角形拼成正方形	
6岁左右	
1. 能自如地用三指握笔，会用筷子 2. 能够剪出较复杂的图形，如花朵、树叶等 3. 会使用餐具，端碗等物体时比较平稳 4. 能灵活用模具玩面团、黏土等 5. 能画三角形、六角形等，能用三角形拼成梯形、大三角形	

1. 对照幼儿精细动作发展目标，利用见习机会观察一名或几名幼儿精细动作发展的状况，分析幼儿精细动作发展水平并提出合理教育建议。

2. 本次观察有没有让你觉得有趣或感到困惑的发现？

3. 是否需要预设观察内容？为什么？

4. 幼儿精细动作发展受哪些因素影响？

任务二　幼儿认知发展观察

　　认知是人脑加工、储存、提取信息的能力，是人们成功完成活动的重要心理条件。认知发展是幼儿身心发展与教育的重要任务，幼儿的认知发展是指幼儿期获得知识的过程，包括感知觉、注意、记忆、想象、思维等发展过程，其中，注意作为心理活动中某种时刻所处的状态，虽然不是独立的心理过程，却在人的心理活动中处于非常重要的地位。在见习中，我们可以结合所学心理学知识观察幼儿认知发展和数学能力发展的水平，把握幼儿认知发展的特点和规律，提出科学有效的教育建议。

一、幼儿认知发展观察的目标与内容

　　（1）能够了解幼儿感知觉、注意、记忆、想象等发展特点。
　　（2）能够进行幼儿认知发展的描述性观察记录。
　　（3）能够对3～6岁幼儿认知发展进行观察评定。

二、观察情况（表2-2-1至表2-2-6）

表2-2-1　幼儿感知觉发展观察

幼儿园：　　　　　班级：　　　　　观察日期： 观察对象：　　　　性别：　　　　　实足年龄：		
类别	观察的基本内容	幼儿具体表现
颜色视觉 1. 能辨认基本颜色（红、黄、蓝、绿、橙、紫） 2. 能说出基本颜色的名称 3. 能辨认混合色和近似色，画画时能调出需要的颜色		
形状知觉 1. 能辨别上、下方位 2. 能辨别前、后方位 3. 能以自身为中心辨别左、右方位 4. 能以别人为基准辨别左、右方位		
时间知觉 1. 理解并正确说出一日中的早上、中午、晚上 2. 能分清上午、下午和白天、黑夜 3. 能理解并正确说出昨天、今天、明天 4. 能辨别大前天、前天、后天、大后天 5. 能感知一周内的时序、认识一年四季的时序；能看懂钟表		
结合你的观察，对某一幼儿感知觉发展水平进行分析，在此基础上提出合理建议。		

表2-2-2　幼儿注意力发展观察

幼儿园：　　　　　班级：　　　　　观察日期： 观察对象：　　　　性别：　　　　　实足年龄：			
类别	项目内容		幼儿具体表现
1. 注意的表现	□呼吸运动的变化 □无关运动的停止 □抗干扰		
2. 有意注意保持时间	□ 3～5分钟　　　□ 6～10分钟 □ 11～15分钟　　□ 15分钟以上		
注意的品质	注意的稳定性	□注意对象新鲜、独特、生动有趣 □注意对象单调、普通、无变化 □在游戏条件下与在枯燥活动条件下注意持续时间	
	注意的分配	□同时进行的两种活动中至少有一种非常熟练 □两种活动之间能建立紧密联系	
	注意的转移	□前一种活动注意紧张度高 □对后一种活动特别感兴趣 □两种活动没什么内在联系	
	注意的广度	□注意对象集中排列且有规律 □具有相关知识经验	

续表

类别	项目内容		幼儿具体表现
注意分散	原因	□疲劳 □缺乏兴趣和必要的情感支持 □无关刺激的干扰	
	分散的次数	□在一次集体活动中分散的次数较多	
观察力	□能根据任务有目的地观察，但遇到困难或干扰，容易转移 □能根据任务细致观察，有目的地克服困难和干扰 □观察持续时间（　　）分钟 □能观察物体的细节，能有顺序地观察 □在观察过程中能理解事物的因果联系或空间关系		

以1～5名幼儿为观察对象，采用时间取样法，观察幼儿在游戏活动或集体教学中专注力的表现，确定观察时距、观察间隔、行为分类。

设计时间取样观察表：

结论：

培养幼儿专注力的建议：

表2-2-3　幼儿记忆发展观察

幼儿园：　　　　　班级：　　　　　观察日期：
观察对象：　　　　性别：　　　　　实足年龄：

类别	项目内容		具体表现
幼儿记忆力水平	1. 记忆的态度	□观察幼儿在各种活动中为记忆而做出的努力程度，如在日常生活中为了完成他人交代的任务，是否明显表现出认真记忆或努力回忆等	
	2. 记忆的有意性	□对于感兴趣的任务能记住，对于不感兴趣的任务不容易记住，记忆比较明显地表现为"自然而然"的状态 □能够接受成人布置的记忆任务（如背诵儿歌，或交代的学习任务等），大多数情况下能够努力去完成，能付出一定意志努力进行记忆 □能根据自己的需要或成人的要求付出努力去记住一定的对象，并能运用一些帮助记忆的方法来使记忆任务更好完成，对自己的记忆行为和能力有一定的意识	
	3. 记忆的持久性	□在生活经验讲述、总结性谈话以及各类复习活动中，观察幼儿对经历过的事、感知过的对象、学习过的知识技能记忆的牢固程度	
	4. 记忆的精确性	□幼儿对过去的事或感知过的对象在回忆时语言描述的正确性 □幼儿完成他人交代的记忆任务的合格程度	

有意识地制造一个记忆事件（如教会幼儿一首儿歌），在一个星期内进行观察记录，评定幼儿在记忆该事件方面的有意性、持久性、精确性等。

表 2-2-4　幼儿想象发展观察

幼儿园：　　　　　　　班级：　　　　　　　观察日期：
观察对象：　　　　　　性别：　　　　　　　实足年龄：

类别	项目内容	具体表现
想象的类型	□无意想象：没有明确目的的想象，内容简单贫乏，没有前后一贯的主题 □有意想象：有明确目的，能根据主题进行想象。可分为再造想象和创造想象 □再造想象：依据词语或符号的描述、示意在头脑中形成与之相应的新形象的过程 □创造想象：按照一定目的、任务，使用自己以往积累的表象，在头脑中独立地创造出新形象的过程	
幼儿想象的发展水平	□3岁左右：想象完全没有目的，内容简单贫乏，完全依靠感知动作 □4岁左右：想象活动基本上是自由联想性质的无意想象，内容零碎，没有前后一贯的主题，数量少而单调 □5岁左右：无意想象中出现了有意成分，想象开始具有初步的目的性，想象的内容也比以前丰富，但仍然零碎 □6岁左右：开始出现有意的创造想象，能从他受局限的日常生活中突破出去，展开丰富的联想，想象的目的性更加明确，想象内容更加丰富、完整和新颖	

观察一名幼儿在角色游戏中的表现，是否能够确定想象的主题，明确想象的任务，是否按照所确定的主题和任务来进行想象。记录幼儿的语言和行为，对其想象的水平进行分析。

结合幼儿的年龄特点，提出促进幼儿想象力发展的建议：

表 2-2-5　幼儿思维发展观察

幼儿园：　　　　　　　班级：　　　　　　　观察日期：
观察对象：　　　　　　性别：　　　　　　　实足年龄：

类别	项目内容	具体表现
思维方式的水平	□直觉行动思维：最初水平的思维方式，思维的支柱是直接的感知和实际的动作，思维伴随着动作进行，动作停止思维也停止。例如，需要用手指一个一个点数或者需要用手将被减数对象一个一个地挪动才能进行数数。理解时只突出某一印象深刻的外部特征 □具体形象思维：依靠客观事物的具体形象进行思维，头脑中的表象、当前的直观形象在思维过程中起着支配作用。掌握的概念内涵不够精确，判断、推理时多以事物的外部联系及自身的生活经验为依据 □抽象逻辑思维：指运用概念（词）、判断和推理等思维形式进行的，反映事物本质属性和规律性联系的思维。表现为对数、时间等抽象概念能进行初步的理解	

续表

幼儿园：	班级：	观察日期：
观察对象：	性别：	实足年龄：

类别	项目内容	具体表现
思维的敏捷性和灵活性	□较弱：反应速度比一般幼儿都慢，不容易适应新的变化，不容易接受新的要求，有个别"刻板行为"出现 □一般：反应速度中等，在别人的提示下能根据新的情况修改原先的措施，比较容易接受新要求 □灵活：反应速度较快，在各种动脑筋、想办法的场合，产生答案所需的时间比在场的大部分幼儿都短，比较容易接受新要求	
思维的创造性	□思维过程中表现出依赖性，愿意服从他人，跟随和仿照他人，愿意沿袭过去的方法 □有时能提出一些新的看法，说出一些新的意图，在自由创作活动中愿意自己动脑筋，不喜欢仿照他人 □活动中经常出现一些"与众不同"的看法、答案、意图、成果，不喜欢跟随和仿照他人，喜欢"别出心裁"；在自由创作活动中有"自己的风格"	

在日常生活、学习、游戏等活动中观察一名幼儿在需要"动脑筋""想办法"时的表现，分析他的思维水平和发展特点。

表2-2-6　3~6岁幼儿数学能力检核

幼儿园：	班级：	观察日期：
观察对象：	性别：	实足年龄：

题项	是	否	题项	是	否
1. 当说到形状名称时，能把形状挑出来			5. 按数取物能力，能正确拿出		
圆形			3个物体		
正方形			5个物体		
三角形			10个物体		
长方形			多于10个物体		
半圆形			6. 能正确指出的空间方位		
椭圆形			上和下		
梯形			前和后		
2. 口头数数能力			里面和外面		
从1数到10			自己的左边和右边		
从1数到20			他人的左边和右边		
从1数到50			7. 能正确进行2~3个物体量的比较		
从1数到100			大和小		
3. 一一对应地给物数数能力			多和少		
从1数到5			高和矮		
从1数到10			长和短		

续表

题项	是	否	题项	是	否
从1数到20			粗和细		
从1数到20以上			重和轻		
4. 能理解下列概念的指示			8. 能理解下列概念的指示		
第一			多于		
中间			少于		
最后			等于		
根据数学能力检核的要求，自制适合检核的图片或道具，在取得幼儿的信任后，对幼儿的数学能力进行评定，分析幼儿数学能力发展特点，提出合理建议。					

任务三　幼儿语言发展观察

幼儿期是语言发展，特别是口语发展的重要时期。幼儿语言的发展贯穿于各个领域，也对其他领域的学习与发展有着重要的影响。幼儿在运用语言进行交流的同时，也在发展着人际交往能力、理解他人和判断交往情境的能力、组织自己思想的能力。通过语言获取信息，幼儿的学习逐步超越个体的直接感知。

在见习过程中，通过观察、倾听、对话等方式了解3~6岁幼儿语言发展的特点和个体差异，必要时对教师和家长进行访谈，了解影响幼儿语言发展的相关因素，可以通过实况详录法、发展检核法、轶事记录法等对幼儿语言发展的现象进行观察记录，并结合所学知识和理论加以分析，为幼儿语言发展提供科学建议。幼儿语音系统发展至成熟的自然过程，即语音发育呈现一定的规律性，时间上有先有后，幼儿对还未发展出的语音的简化和替代也呈现规律性。并且一些特定的语音错误会高频率地出现在特定的年龄中。随着语音逐渐发展，之前不清楚的发音会随之消失。一些研究显示，多数儿童语音发展（音韵历程）结束的时间点在2岁半至4岁半间，发音不清晰在4岁以后很少出现。因此如果孩子在4岁以后还有很多的音不能发清楚，很大程度上需要接受评估和治疗。

一、幼儿语音发展观察的目标与内容

（1）倾听幼儿的日常语言，了解幼儿语音、词汇、语言表达等发展特点。
（2）能够对幼儿语言发展进行描述性观察，记录并进行分析。
（3）能够对3~6岁幼儿语言发展进行观察评定。

二、观察情况（表2-3-1、表2-3-2）

表2-3-1 3~6岁幼儿语音发展检核

幼儿园：　　　　　　班级：　　　　　　观察日期：
观察对象：　　　　　性别：　　　　　　实足年龄：

声母（23个）	典型词汇	发音准确性描述
双唇音：b，m，p	帮忙，门票，不怕	
唇齿音：f，	风帆	
舌尖音：d，t，n，l，	冬天，奶酪，电脑，铁路	
舌根音：g，k，h	果壳，口红，桂花	
平舌音：z，c，s，J，q，x	早餐，紫色，苍松 机器，雪球，相机	
翘舌音：zh，ch，sh，r	纸船，种树，树枝，商人	
特殊声母：y，w	外衣，衣物	
组合词汇：红旗、老师、篮子、蜘蛛、螃蟹、热气球……		
制作10张左右图形卡片，选择幼儿熟悉的、带有舌根音、平舌音、翘舌音等幼儿较难发的或易混淆的音的物体名称，出示图片，请幼儿连续讲三遍，记录幼儿发音的正确率。对幼儿的语音表达能力进行评定，并提出合理建议。		

表2-3-2 3~6岁幼儿语言表达观察记录

幼儿园：　　　　　　班级：　　　　　　观察日期：
观察对象：　　　　　性别：　　　　　　实足年龄：

维度	具体指标	评定幼儿表现
1.认真听并能听懂常用语言	**3~4岁** □别人对自己说话时能注意听并做出回应 □能听懂日常会话 **5岁左右** □在群体中能有意识地听与自己有关的信息 □能结合情境感受到不同语气、语调所表达的不同意思 □方言地区和少数民族幼儿能基本听懂普通话 **6岁左右** □在集体中能注意听老师或其他人讲话 □听不懂或有疑问时能主动提问 □能结合情境理解一些表示因果、假设等相对复杂的句子	

续表

维度	具体指标	评定幼儿表现
2. 愿意讲话并能清楚地表达	**3～4岁** □愿意在熟悉的人面前说话，能大方地与人打招呼 □基本会说本民族或本地区的语言 □愿意表达自己的需要和想法，必要时能配以手势动作 □能口齿清楚地说儿歌、童谣或复述简短的故事	
	5岁左右 □愿意与他人交谈，喜欢谈论自己感兴趣的话题 □会说本民族或本地区的语言，基本会说普通话。少数民族聚居地区幼儿会用普通话进行日常会话 □能基本完整地讲述自己的所见所闻和经历的事情 □讲述比较连贯	
	6岁左右 □愿意与他人讨论问题，敢在众人面前说话 □会说本民族或本地区的语言和普通话，发音正确清晰。少数民族聚居地区幼儿基本会说普通话 □能有序、连贯、清楚地讲述一件事情 □讲述时能使用常见的形容词、同义词等，语言比较生动	
3. 具有文明的语言习惯	**3～4岁** □与别人讲话时知道眼睛要看着对方 □说话自然，声音大小适中 □能在成人的提醒下使用恰当的礼貌用语	
	5岁左右 □别人对自己讲话时能回应 □能根据场合调节自己说话声音的大小 □能主动使用礼貌用语，不说脏话、粗话	
	6岁左右 □别人讲话时能积极主动地回应 □能根据谈话对象和需要，调整说话的语气 □懂得按次序轮流讲话，不随意打断别人 □能依据所处情境使用恰当的语言。如在别人难过时会用恰当的语言表示安慰	

结合《3—6岁儿童学习与发展指南》语言领域的目标，选择一名幼儿在日常生活中观察他的语言表达能力，对其语言发展进行评定，分析原因，并提出合理建议。

任务四　幼儿情感和社会性发展观察

　　学前阶段是一个人个性发展的重要时期，幼儿的各种活动为健康人格的发展创造条件。具有积极情绪情感和社会化水平高的幼儿在日常生活中较容易与同伴友好相处，容易被同伴接纳，这为其参与各种游戏、活动提供了最佳情绪状态，其在活动中将显现出积极主动、充满自信等良好状态，这无疑有助于形成良好个性。消极情绪较多和社会化水平低的幼儿则不容易与同伴协调关系，不能掌握和遵守活动规则，容易受到同伴拒绝，不利于其良好个性的形成。因此，教师要重视幼儿良好情绪情感和社会化的发展，为其一生奠定良好基础。

　　在见习过程中，可以通过观察、倾听、对话等方式了解3~6岁幼儿情绪情感和社会化发展的特点和个体差异，尝试对幼儿情感和社会化发展做出描述和分析，为有效开展幼儿园教育和家庭教育提供信息。

一、幼儿情绪情感和社会化发展观察的目标与内容

（1）观察幼儿在日常生活中情绪表达的方式，对幼儿的情绪变化进行记录分析。
（2）能够对幼儿自我意识的发展进行评定。
（3）能够对同伴交往和社会性行为发展进行观察分析。

二、观察及评价情况（表2-4-1至表2-4-6）

表2-4-1　幼儿情绪表达和控制能力观察

幼儿园：　　　　　班级：　　　　　观察日期： 观察对象：　　　　性别：　　　　　实足年龄：		
年龄段和具体指标	幼儿表现	评价
3~4岁 □情绪比较稳定，很少因一点小事哭闹不止 □有比较强烈的情绪反应时，能在成人的安抚下逐渐平静下来 □能识别他人的情绪状态，如高兴或难过、生气 5岁左右 □经常保持愉快的情绪，不高兴时能较快缓解 □有比较强烈的情绪反应时，能在成人提醒下逐渐平静下来 □愿意把自己的情绪告诉亲近的人，一起分享快乐或求得安慰 6岁左右 □经常保持愉快的情绪。知道引起自己某种情绪的原因，并努力缓解 □表达情绪的方式比较适度，不乱发脾气 □能随着活动的需要转换情绪和注意		
采用自然观察法，对幼儿生活中情绪表达和控制方面的表现进行记录，判断幼儿情绪表达和控制能力发展的水平，提出合理目标期望和建议。		

表2-4-2　幼儿人际交往观察评价

幼儿园：　　　　　班级：　　　　　观察日期： 观察对象：　　　　性别：　　　　　实足年龄：		
年龄段和具体指标	幼儿表现	评价
3～4岁 □愿意和小朋友一起游戏 □想加入同伴的游戏时，能友好地提出请求 □在成人的指导下，不争抢、不独霸玩具 □与同伴发生冲突时，能听从成人的劝解 **5岁左右** □喜欢和小朋友一起游戏，有经常一起玩的小伙伴 □会运用介绍自己、交换玩具等简单技巧加入同伴游戏 □对大家都喜欢的东西能轮流、分享 □与同伴发生冲突时，能在他人帮助下和平解决 □活动时愿意接受同伴的意见和建议 □不欺负弱小 **6岁左右** □有自己的好朋友，也喜欢结交新朋友 □有问题愿意向别人请教 □有高兴的或有趣的事愿意与大家分享 □能想办法吸引同伴和自己一起游戏 □活动时能与同伴分工合作，遇到困难能一起克服 □与同伴发生冲突时能自己协商解决 □知道别人的想法有时和自己不一样，能倾听和接受别人的意见，不能接受时会说明理由		
对照《指南》社会领域中关于"人际交往"和"社会适应"方面的发展目标，观察一名幼儿在社会性发展中表现出来的年龄特征，结合儿童发展心理学等课程中关于社会性发展的相关理论，对幼儿社会性发展进行分析评价，并提出合理目标期望和建议。		

表2-4-3　幼儿自我意识发展的观察评价

幼儿园：　　　　　班级：　　　　　观察日期： 观察对象：　　　　性别：　　　　　实足年龄：		
问题	幼儿回答及表现	评价
你叫什么名字？ 你是男孩还是女孩？ 你是爸爸妈妈的什么人？你是弟弟妹妹的什么人？ 你几岁啦？ 你长大后能当妈妈还是爸爸？ 你的生日是什么时候？ 你什么时候是顾客？ 你什么时候是主人？		

续表

问题	幼儿回答及表现	评价
你什么时候是客人？ 你在班上力气最大吗？为什么？ 你在班上个子最高吗？为什么？ 你很聪明吗？为什么？ 你是好孩子吗？为什么？ 你的好朋友多吗？他们是谁？ 你喜欢玩哪些游戏？为什么？ ……		

拟定一些有关幼儿自我认识的话题与幼儿进行个别谈话，了解幼儿对自己的身份（年龄、性别、社会角色）以及自身生理特征、心理特征的认识。记录幼儿的回答和他的解释，分析幼儿自我意识发展的特点，提出合理建议。

表 2-4-4 幼儿社会性行为的观察评价

同伴交往行为事件取样记录	
幼儿园：　　　　班级：　　　　观察日期： 观察对象：　　　性别：　　　　实足年龄：	
交往地点：	具体事件描述：
交往类型：（主动、被动、相互交往）	
交往方式：（语言、行为、物品、材料）	
交往持续时间：	
交往中的情绪表现：（高兴、兴奋、平静、生气、难过）	
互动方式：（请求、商量、交换、命令、协商……）	
对幼儿交往行为进行评价：	
建议：	

续表

同伴冲突行为事件取样记录	
发生地点：	具体事件描述：
冲突类型：	
冲突缘由：（争夺物品、争夺资源、维护规则、游戏角色……）	
冲突方式：（语言、行为、物品、材料） 言语：（争辩、告状、语言威胁、商量、理由解释、语言攻击、转移对方注意力） 非语言：（物品争夺、身体攻击、力量比拼、强制占有、破坏物品、僵持、武力威胁……）	
冲突双方的关系和亲密度：	
冲突持续时间：	
冲突中的情绪表现和程度：（哭泣、生气、难过、愤怒、激动……）	
冲突解决方式：（教师介入，双方协商，一方服从另外一方，同伴介入，不了了之……）	
对幼儿冲突行为进行评价：	
建议：	

表2-4-5 幼儿亲社会行为发展检核

幼儿园： 班级： 观察日期： 观察对象： 性别： 实足年龄：	
项目	表现（从不、偶尔、经常、总是）
能与不同的小朋友一起玩儿	
愿意与别的小朋友轮流玩玩具	
游戏时能遵守规则或达成一致意见	
主动帮忙收拾碗筷或桌椅	
愿意把手中的玩具给别的小朋友玩儿	
和同伴在一起脸上带着微笑，感觉很快乐	
别的小朋友不开心或不舒服时，能表现出关心和安慰	
老师不开心或累了时，主动表示关心和问候	

续表

项目	表现（从不、偶尔、经常、总是）
感到伤心或遇到挫折时，不大哭大闹	
主动邀请别的小朋友一起玩儿	
主动帮老师收拾玩具	
能与小朋友合作完成小的手工作品	
主动帮助有困难的小朋友	
爱惜幼儿园的玩具或其他物品	
能大方地和小朋友、老师交流	

观察一名幼儿在日常生活中与同伴交往时所表现出来的亲社会行为，对他的行为进行评定分析，提出合理的教育建议。

表 2-4-6　幼儿学习与发展整体评价

利用一周的时间定期观察一名幼儿，对照《指南》对这名幼儿各领域发展进行综合评价。将所收集的可以作为评价依据的信息填入表中。

幼儿园：　　　　　　班级：　　　　　　观察日期：
观察对象：　　　　　性别：　　　　　　实足年龄：

领域	发展性评价 （对照《指南》，关注"幼儿能做到什么"，而非"幼儿不能做什么"。）	依据（通过观察收集到了什么证据）
健康领域	例：《指南》健康（二）动作发展 目标1（4～5岁）能与他人玩追逐、躲闪跑的游戏 目标2（4～5岁）能单脚连续向前跳5米左右	在户外活动中能与同伴玩追逐、躲闪跑的游戏，动作敏捷，会避让对面跑过来的同伴 在单脚跳的过程中会换脚，偶尔会停下来，重新继续跳
语言领域		
社会领域		

续表

领域	发展性评价 （对照《指南》，关注"幼儿能做到什么"，而非"幼儿不能做什么"。）	依据（通过观察收集到了什么证据）
科学领域		
艺术领域		
总体评价与分析		

对支持幼儿进一步发展，你的建议是：

任务五　学前特殊需要儿童观察

特殊儿童首先是儿童，其次才是有着某些特殊性的儿童，确定一个儿童是不是特殊儿童，是哪一类特殊儿童、有什么特点，是一件既严肃又复杂细致的工作。越来越多的幼儿园开始进行融合教育，设立融合教育资源室，要求教师具备良好的融合教育素养。《幼儿园教师专业标准》中提到教师应"了解有特殊需要幼儿的身心发展特点及教育策略与方法。"我们应利用见习和实习的机会，关注每一名特殊儿童，了解他们的发展特点和需求，有针对性地给予他们帮助，制订个性化教育计划，提升自身特殊教育的专业素质。

一、学前特殊需要儿童观察的目标与内容

（1）通过观察，初步了解不同特殊需要儿童的行为特征。
（2）能够对特殊需要儿童的发展特点进行描述性观察记录。
（3）能够对个别特殊需要儿童的问题进行分析，制订个别化教育计划。

二、观察记录（表2-5-1至表2-5-3）

表 2-5-1　多动症儿童个案观察记录

幼儿园：	班级：	观察日期：
观察对象：	性别：	实足年龄：

维度	具体指标	幼儿表现
1. 多动冲动行为	□四肢经常动个不停或者在座位上扭动 □在教室或其他要求坐好的地方常常擅自离开座位 □常常在不合适的场合过多奔跑或攀高 □常常难以安静地参加各种活动或游戏 □常常活动不停，好像身上装着马达 □经常讲话过多，常常在他人（教师）问题尚未问完时便急于回答 □常常难以排队等候 □经常插嘴他人的讲话或干扰别人的游戏	
2. 注意缺陷	□在学习、游戏或其他活动中往往不能注意到细节或发生粗心大意所致的错误，注意力往往难以持久 □与之对话时，显得心不在焉，似听非听 □往往难以完成有组织的工作和活动 □往往逃避不喜欢或不愿意参加那些需要精力持久的工作或任务 □经常遗失作业或活动必需的东西，如玩具、作业本、铅笔等 □经常容易被外界刺激所分心 □经常忘记日常活动	
3. 情绪不稳	□情绪不稳定，冲动任性。高兴时手舞足蹈，难以自控，不高兴时，大喊大叫，甚至咬人、踢人或自虐 □不愿遵守规则，遇事不考虑后果 □经常破坏东西，并非故意捣乱，而是没有考虑行为后果，想到什么就做什么	
4. 多动症与顽皮幼儿的区别	□多动症儿童活动常无目的性，行为杂乱，有始无终；顽皮淘气儿童的行为有一定的目的性，有计划有安排 □多动症儿童的行为常不分场合，不顾后果，无法自制；顽皮儿童的多动受时间、地点等环境因素的限制而有所约束 □多动症儿童对有兴趣和新奇的游戏娱乐活动，不能产生持久的注意；而顽皮儿童对有兴趣的新奇的游戏及活动能持续注意并能坚持很长时间	

在幼儿园观察一名具有多动倾向的幼儿，详细记录他在班级中活动和学习的表现，结合对教师的访谈或其他专业人员的评定，了解孩子存在的问题，分析影响因素，尝试提出可行的教育建议。

表 2-5-2　自闭症儿童个案观察记录

幼儿园：　　　　　　班级：　　　　　　观察日期：
观察对象：　　　　　　性别：　　　　　　实足年龄：

维度	具体指标	幼儿表现
1. 社会性交往方面存在缺陷	□缺乏社会性情感互动的能力，缺乏恰当的社交技能，无法运用对话交流来分享兴趣、情绪及情感，对社会性互动缺乏回应，无法进行自发性的社会活动 □缺乏运用非语言交流行为进行社会性交往的能力。无法融合使用语言交流与非语言交流技能，缺乏面部表情或非言语姿势 □无法开始或维持一段符合其年龄发展水平的社会关系，无法根据社会性情景的需求来调节自己的行为，无法进行想象性游戏，无法发展同伴关系，对人缺乏兴趣	
2. 局限的重复性刻板行为、兴趣及活动	□反复摆弄某些物件，重复使用某物体，或存在异常的语言 □刻板地遵守某些习惯，仪式化的语言或非言语行为，无法接受改变，容易因为细微变化而引发强烈的负面情绪 □明显狭隘的兴趣爱好，表现出异乎寻常的专注强度，沉迷特殊物体，过分固着的兴趣爱好 □对感知觉刺激表现过于敏感或过于迟钝，对环境中的感知觉刺激存在异常的兴趣，无法辨别冷热痛觉，对特别的声音或材质反应异常，过度嗅或触摸某些物体，沉迷于光线或旋转的物体	
3. 语言沟通方面有缺陷	□言语很少，严重的病例几乎终生不语，会说会用的词汇有限，或自言自语重复一些单调的话 □只会模仿别人说过的话，不会用自己的语言来交谈，常用"你"和"他"来代替他自己，常常尖叫 □常常难于主动或合适地提出恰当的话题及不能围绕在一个话题上和人交谈 □具有说话能力的孩子可能因词不达意或其他语言问题以致不能与人做出有效沟通	

在幼儿园观察一名可能有自闭症倾向的幼儿，详细记录他在班级中活动和学习的表现，结合对教师的访谈或其他专业人员的评定，了解孩子存在的问题及可能需要的帮助，尝试提出可行的教育建议。

表 2-5-3　其他特殊儿童个案观察记录

幼儿园：　　　　　　班级：　　　　　　观察日期：
观察对象：　　　　　　性别：　　　　　　实足年龄：

类型	具体指标	幼儿表现
1. 智力障碍儿童	□语言能力的发展较一般儿童迟缓，且水平较低，难以掌握事物的本质特征，难以对单句进行深入复杂的理解 □学习困难、领悟力低、分析综合能力欠缺，记忆力显著低于同龄人，不能指出常见物体的区别，无法进行分类 □运动技能方面缺乏良好的协调、步态以及良好的运动技能，动作较为呆板、僵硬	

续表

类型	具体指标	幼儿表现
2. 品行障碍儿童	□经常欺负、威胁或恐吓他人 □经常挑起打架，使用能导致他人受伤的武器，如短棍、砖头等，对他人身体进行伤害 □对动物身体进行残害 □故意撒谎以骗取物品或好处，偷拿不属于自己的东西	
3. 情绪障碍儿童	□严重分离焦虑：无法适应幼儿园集体生活，经常苦恼不已，不肯在幼儿园进餐、如厕等，不参与集体活动，对同伴交往失去兴趣 □情绪沮丧，对什么都不感兴趣。注意力难以集中，活动减少，迟钝，少语，失眠，食欲减退	
4. 生理特殊需要儿童	□听觉障碍：听力受损，耳蜗损伤，对声波不够敏感，区分不够精确，或只有部分听力。表现为侧耳听，语言能力弱，不善于完成口头指令 □视觉障碍：视觉受损，低视力 □肢体障碍：行走不便，或行为举止有异于常人	

在幼儿园观察一名有特殊需要的幼儿，详细记录他在班级中活动和学习的表现，结合对教师的访谈或其他专业人员的评定，了解孩子存在的问题及可能需要的帮助，尝试提出可行的教育建议。

模块三 幼儿园游戏活动与环境观摩

游戏是幼儿最喜爱的活动，也是幼儿的自主活动，伴随着愉悦的情绪体验，是幼儿园的基本活动。游戏给幼儿提供了探索周围世界、自由表达和创造的机会。在见习过程中，观察幼儿游戏活动可以帮助教师更全面地了解幼儿的发展情况，为教师科学组织和指导幼儿游戏提供依据，也为全面促进幼儿发展提供支持。游戏环境和场所的创建是幼儿游戏发生的重要条件，关系到幼儿游戏的开展和进行，也关系到幼儿在游戏中所获得的体验。本部分通过对幼儿园游戏活动和游戏环境中空间和场地的观察记录，以及对幼儿游戏过程的观察记录，帮助学前教育学生深刻认识和了解游戏空间和场地的重要价值，理解游戏的教育意义，提出有效的指导策略。

任务一　幼儿园室内外游戏区域观察

游戏区域是幼儿园在活动室内或室外设置的，让幼儿通过自身的活动，主动地练习、探索，获取知识经验，以提供合适的活动区域、多样化的活动材料、情境化的游戏形式，使幼儿得到自主发展的场所。创设区域环境是幼儿园教师一项重要工作内容，包括根据不同年龄班幼儿的发展水平和活动需要，合理安排适宜的活动区域，设计独特的空间布局和投放相关设施和材料等。要求教师能够通过创设良好的区域环境支持幼儿学习，鼓励幼儿探索与实践，促使幼儿与周围环境互动，充分发挥内在潜能，促进幼儿全面和谐发展。在见习期间，我们可以通过观察和适度参与幼儿园活动区域环境的创设，提升自己进行游戏环境创设的能力，为以后胜任幼儿园工作打下良好基础。

一、幼儿园室内外游戏区域观察的目标和内容

（1）观察幼儿园室外空间环境创设，记录户外游戏环境创设的特点。
（2）观察幼儿园室内游戏环境创设，分析室内游戏环境创设的方法。
（3）观察室内外游戏环境创设与幼儿游戏行为之间的联系，记录幼儿的游戏行为。

二、观察情况（表3-1-1至表3-1-4）

表 3-1-1　幼儿园户外游戏场地及设施观察

幼儿园：	观察日期：	观察者：
户外游戏场地观察要点		
□幼儿园应当有与其规模相适应的户外活动场地，配备必要的游戏和体育活动设施，创造条件开辟沙地、水池、种植园地等，并根据幼儿活动的需要绿化、美化园地 □活动器械和设施必须符合国家的有关安全标准，做好日常维护工作，定期检查、维修 □为幼儿提供适合他们年龄特点的运动器械，合理配置不同种类的运动器械		
户外游戏区的整体布局与规划：（面积，区域数量，可开展游戏类型） （可用图片或文字说明）		

续表

操场（运动场地） 面积： 材质：（草坪、沙石、透水砖、塑胶、水泥……） 跑道： 篮球架： 户外收纳区： 小型运动器械：
攀爬区 材质： 可容纳幼儿人数
玩沙区 面积： 形状： 玩沙工具： 可容纳幼儿人数：
玩水区 水池形状： 玩水工具： 水池深度： 可容纳幼儿人数：
种植区 面积： 种植的植物：
养殖区 动物类型、数量、喂养方式：
户外固定游戏设施 大型滑梯组合： 秋千： 跷跷板： 其他：
户外创造性游戏区域 建构区： 角色区： 表演区： 野战区：
户外游戏场地的使用情况： 能同时供（　　）个班级使用；能轮流供（　　）个班级使用
户外场地存在的安全隐患及安全防护情况： （地面上有无危险物；器械安装是否牢固；设备公共是否完善；设备是否适合幼儿身体及运动能力；教师有无安全意识及相关安全措施。）

续表

该幼儿园户外游戏场地及设施的总体评价：
存在的问题及不足：
改进措施：

表 3-1-2　幼儿园室内公共游戏区域及设施观察

观察幼儿园：　　　　　观察日期：　　　　　观察者：

室内公共游戏区域主要是指教师在走廊、门厅、公共活动室等场所布置的供不同班级共享的游戏区域。

维度	观察要点
室内公共区域创设要点	□可以充分利用门厅、走廊、过道等室内公共空间创设游戏区域 □可以创设专用活动室，供全园幼儿轮流使用 □满足幼儿园混龄游戏、大型游戏、特色游戏的开展

室内公共游戏区的整体布局描述：

公共区域名称	位置	面积	投放的材料种类及设备	材料数量	可容纳幼儿人数	开放时间及规则

对该幼儿园室内公共游戏区域场所的总体印象及评价：

存在的问题及改进措施：

表 3-1-3　幼儿园室内班级游戏区域观察记录

| 观察幼儿园： | 所在班级： | 观察日期： | 观察者： |

室内班级游戏区域主要是指教师在班级活动室内或走廊上等布置供本班幼儿进行的游戏区域。

项目	观察要点
1. 班级游戏区的内容与数量	□活动区数量根据活动室大小来确定，一般 4～6 个为宜。可以固定几个常规活动区，配上一些可调整的游戏区 □活动区设置有一定的目的性，结合教育目标及各领域教学活动目标来设置区域内容 □活动区的设置与命名可以和幼儿共同商量，创设"儿童化"的活动区
2. 活动区的规划与布置	□活动区规划要合理布局。大小有别，积木区和角色扮演区应较宽敞，益智区、图书角可以适当小一些 □动静适度分开 □采光、取水便利，图书角和美术区设置在光线充足的地方，科学探索区和美工活动区可以离水源近一些 □方便教师随时了解活动室内的情况，不能有视线盲区 □活动区之间应有明显界限，便于管理和幼儿开展活动。可以用地垫或柜子等隔开 □活动区布置要半封闭式。家具高度与幼儿身高相宜，便于幼儿取放材料。活动区标志应清晰，便于幼儿识别
3. 活动区的规则制定	□善于用环境来暗示规则，材料摆放整齐有序，标志清楚明显 □制定的规则简单、少量、明确、切实所需、适合幼儿的年龄 □进区卡由区域人数标志牌、选区标记牌、个人标志卡组成，控制各区人数

室内班级游戏区的布局描述：（可画图或贴照片）

活动区域名称	位置	面积	材料种类及设施	材料数量	可容纳幼儿人数	开放时间及规则

对该班级内游戏区域场所的总体印象及评价：

存在的问题及改进措施：

表 3-1-4　幼儿游戏水平观察评定

观察对象：	观察日期：	所在班级：

游戏水平与认知水平编码：
A. 无所事事的行为
B. 旁观行为
C1. 单独—机能游戏　　C2. 单独—建构游戏　　C3. 单独—象征性游戏　　C4. 单独—规则游戏
D1. 平行—机能游戏　　D2. 平行—建构游戏　　D3. 平行—象征性游戏　　D4. 平行—规则游戏
E1. 联合—机能游戏　　E2. 联合—建构游戏　　E3. 联合—象征性游戏　　E4. 联合—规则游戏
F1. 合作—机能游戏　　F2. 合作—建构游戏　　F3. 合作—象征性游戏　　F4. 合作—规则游戏
G. 其他学习行为，如观察、探究、阅读、讨论等

选取 3~5 名幼儿进行游戏水平的时间取样观察，观察总时长为 15 分钟，时间间距为 20 秒，对所观察到的行为进行断定，使用以上编码进行记录，统计观察结果，并对幼儿的游戏水平进行分析评定。

时间	幼儿1（行为编码）	幼儿2（行为编码）	幼儿3（行为编码）……
8:00~9:00			
9:00~10:00			
10:00~11:00			
11:00~12:00			
12:00~13:00			
13:00~14:00			
14:00~15:00			
15:00~16:00			
合计			

统计行为类型频次和占比，分析幼儿游戏水平，提出合理建议。

任务二　幼儿园角色游戏观察

角色游戏是幼儿根据自己的兴趣和愿望，以模仿和想象，通过角色扮演，创造性地表现其生活体验的活动。角色游戏是幼儿自主游戏的基本类型之一，是幼儿期特有的典型游戏。幼儿在角色游戏中，常常以动作、语言来扮演角色，对游戏的动作和情境进行假想，出现以物代物、以物代人、以人代物等表征特点。角色游戏具有表征、创造性和社会性等特点，可以促进幼儿自我意识的发展，促进幼儿同伴交往和社会性情感的发展。教师和家长可以借助角色游戏所呈现的自然情境来观察幼儿的行为，作为探究幼儿心理发展规律及特点的重要手段。

一、幼儿园角色游戏观察的目的及内容

（1）熟悉不同年龄阶段幼儿角色游戏的水平和特点，学会记录幼儿在角色游戏中的表现。
（2）在观察中学习对角色游戏环境和材料进行评定。
（3）对幼儿角色游戏行为进行描述性观察记录，并能提出合理的教育建议。

二、观察记录（表3-2-1、表3-2-2）

表3-2-1　小组角色游戏观察记录

幼儿园：　　　　　　　班级：　　　　　　　观察日期：				
观察对象：　　　　　　性别：　　　　　　　实足年龄：				
观察情境描述：				
观察线索	幼儿姓名			
	幼儿1	幼儿2	幼儿2	…
1. 主题的确定 2. 材料运用于游戏的技能 3. 新颖性与创新性 4. 游戏常规的执行 5. 社会参与水平，与伙伴合作与交往行为 6. 游戏持续时间 7. 独立自主性（自定主题，自选伙伴，主动交流，协调关系等）				
游戏材料的提供与教师的指导				
游戏评析				

表3-2-2　教师指导角色游戏观察记录

幼儿园：　　　　　　　班级：　　　　　　　观察日期：
观察对象：　　　　　　性别：　　　　　　　年龄：
观察情境描述：

续表

类型	观察线索	教师指导过程描述
1. 游戏前的指导	□提供充足的游戏时间，每次不少于30分钟。便于幼儿寻找伙伴、商量主题和情节、分配角色、准备材料等，促进游戏深入开展 □丰富幼儿的生活经验，拓展角色游戏的情节 □创设材料丰富、有挑战性的游戏场地 □支持幼儿使用替代性材料丰富角色游戏材料品种 □鼓励中大班幼儿参与环境创设和游戏材料的准备	
2. 游戏过程中的指导	□细致观察幼儿游戏，适时适度介入指导 □鼓励和协助幼儿按照自己的意愿提出游戏主题 □引导幼儿自主选择和分配角色 □指导幼儿丰富游戏内容和情节，提高游戏水平 □加强角色之间的内在联系，增强游戏的合作性 □认同幼儿的游戏规则，培养幼儿的规则意识	
3. 游戏后的指导	□让游戏在愉快自然的状态下结束 □做好游戏后的整理工作 □就游戏情节进行讲评 □就游戏材料和玩具的制作与使用进行讲评 □对游戏中幼儿的行为进行评讲 □讲评中以开放性问题为主，以幼儿讲评为主，实施引导，为幼儿进行下一次游戏指明方向	

观察一名幼儿园教师在幼儿开展角色游戏时所进行的指导，记录指导的过程，并对指导效果进行分析，提出合理建议。

任务三　幼儿园建构游戏观察

建构游戏也称"结构游戏"，是幼儿按照一定的计划或目的来组织、操作物体或材料，使之呈现出一定的形式或结构的活动，幼儿通过对各种材料的搭建（排列、组合、接插、镶嵌、拼搭、垒高等），实现自己搭建的需求及愿望，体验与同伴共同搭建的快乐和成就感。建构游戏不仅能丰富幼儿的主观体验，发展他们动手能力和建构技能，而且可以让幼儿在协商、谦让、交换的游戏氛围中，学会分享与合作，尝试开拓与创新，体验成功与挫折，实现合作交往能力的提高，促进幼儿全面和谐发展。

在见习过程中，可以通过有目的、有计划地观察幼儿在建构游戏中的行为表现，了解他们的建构兴趣、建构经验和建构能力，通过观察，了解幼儿建构游戏环境创设、材料提供、教师指导策略的适宜性。在观察之前，需了解不同年龄阶段幼儿适宜的建构材料和应掌握的建构技能，为观察提供有益参考。

一、幼儿园建构游戏观察的目的及内容

（1）熟悉不同年龄阶段幼儿建构游戏的目标和材料，学会分析其适宜性。
（2）在观察中学习对建构游戏环境和材料进行评定。
（3）对幼儿建构游戏行为进行描述性观察记录，并能提出合理教育建议。

二、观察记录

不同年龄阶段幼儿建构游戏的目标及材料观察要点如表3-3-1所示。

表3-3-1 不同年龄阶段幼儿建构游戏的目标及材料观察要点

年龄段	建构目标	适宜的材料及整理要求	活动形式
小班	①培养对建构的兴趣 ②认识建构材料，感知材料大小、形状、长短等特征和简单分类 ③学习各种基本的平铺、延长、围合、垒高、拼插等技能，搭建物体的简单造型，发展线状-立体，平躺-站立，个体-复合，单一-多样等建构技能 ④尝试运用不同的材料进行建构，掌握基本的操作方法 ⑤能用自己喜欢的方式大胆操作，培养观察力、想象力和动手能力 ⑥遵守游戏规则，乐于与同伴分工合作	①提供圆形、正方形、三角形等形状的积木 ②不同长短的木板、木条、软砖头等 ③包装盒、塑料瓶、易拉罐、奶粉罐等废旧材料 整理要求：选用统一的篮子整理，按种类、颜色或大小摆放，贴上标识	桌面积木拼接游戏、室内堆砌建构游戏
中班	①能积极参与建构游戏，敢于用较为流畅的语言介绍自己的建构作品以及建构方法 ②感知建构材料的特征，喜欢用多种材料搭建作品，懂得装饰作品 ③熟悉铺平、延长、围合、垒高、拼插、组合等技能，能进行有主题、有情境的建构，发展平面-立体，个体-合作，集体-分工，单一-多变等建构技能 ④能用自己喜欢的方式大胆操作，遵守游戏规则，注意安全 ⑤自由结伴，乐于分工合作进行搭建 ⑥活动结束后，能自觉收拾材料，并分类放好	提供各种木板、木条、木梯、木块、碳化木等材料，增加不同颜色的线轴、仿真花等各种小物件，提供拱门、跨栏、各种交通标志 整理要求：选用统一篮子整理并按种类、颜色或大小摆放，贴上标识，便于幼儿识记和收放。指导幼儿进行材料整理与收拾	桌面建构游戏，区域建构游戏，户外建构游戏，沙池建构游戏等
大班	①积极参与建构游戏，遵守游戏规则 ②主动寻找同伴，自由分组，以自主方式挑选出小组长，商讨建构内容 ③学会协调成员，分工合作拿取材料，共同建构，掌握由线性-立体，平躺-站立，个体-复合，单一-多种等建构技能 ④开拓思维，学会根据预想设想来进行大型搭建，学会独立思考，建构游戏中的问题 ⑤能和同伴分享建构计划表，能用连贯的语言描述建构计划表内容 ⑥尊重、爱护、欣赏他人建构成果，相互学习建构技巧	提供不同材质、特性的材料，如木板、梯子、木墩、木条、铁罐、砖头、线轴等，在幼儿建构到一定成果时，可以适时投放一些动物模型、汽车模型等 组织幼儿自己对材料进行整理和收拾	桌面建构游戏，室内积木工作坊，大型户外建构游戏，沙池建构游戏等

环境和材料是建构游戏开展的基本和必要条件，幼儿是活动的主体，教师在活动中起着引导的作用，因此，对建构游戏的观察评价可以指向环境、教师和幼儿三个方面，具体观察评价指标如表3-3-2至表3-3-5所示。

表3-3-2 幼儿园建构游戏环境观察评价

项目	一级观察指标		二级观察指标	评价等级		
				☆☆☆	☆☆	☆
物质环境	人均面积		游戏空间密度适宜，确保游戏不被干扰和安全；按照《幼儿园建设标准》规定，室外地面游戏场地人均面积不应低于4平方米，分班游戏场地人均面积不应低于2平方米，建构材料形态越大，建构空间越大			
	资源配置	班级建构区	以小型建构材料为主；平整的地面、地毯、地垫，可随需要拓展空间			
		积木工作坊	以中型建构材料为主；平整的地面，最好铺设硬质地板；软木或者隔音墙，方便张贴图片			
		户外建构区	以大型建构材料为主，如梯子、长条木板、PVC管、纸箱、原木墩等，地面平整、塑胶、水泥地均可			
	材料区		根据材料的特点选择适合的整理筐进行分类整理；有材料架或固定存放材料的位置，并贴好相应的标记或定位线；能及时更换、补充建构材料；材料加油站内容丰富，符合班级幼儿的年龄特点，能满足幼儿建构及之后游戏的需要			
	建构区		考虑了幼儿人数、人均面积、资源配置等因素；可以借助地点拓展幼儿游戏空间			
	展示区		设置展示柜、展示架、展示小型、固定成型的建构游戏作品；创设展示墙、折叠架、展示大型、无法长期保存或移动的建构游戏作品照片；提供展示牌，注明作品名称、小小工程师名字、作品照片等；提供展示贴、展示幼儿在建构游戏中的故事、感想和游戏中的启示			
社会/情感环境	常规		能引导幼儿制定游戏需要的规则与要求，在区域内明示，如取放材料的要求、游戏时合作的要求、操作的要求等；能引导幼儿遵守规则，学会自我管理并能相互监督			
	兴趣		能激发幼儿对建构游戏的兴趣与探索欲，富有吸引力和挑战性。如可参考的图片、富有挑战性的作品、具有故事情境的道具等			
认知/操作环境	能力		能关注幼儿基本建构技能和综合能力的提升，比如投放适合幼儿年龄特点及建构水平的基本技能图示，投放突破幼儿建构难点的步骤拆解图示，介绍建构中的重点技巧，根据幼儿的作品开展作品分析等			
	经验		能关注幼儿相关建构经验的拓展，丰富幼儿对生活中物体特征及其结构的认识，比如投放模型、系列图片、有关建构的绘本图册等			

备注：此表借鉴《幼儿园室内外建构游戏指导》（中国轻工业出版社），略做修改而成。

表 3-3-3　幼儿园建构游戏中教师指导行为观察评价

项目	一级观察指标	二级观察指标	评定等级 ☆☆☆	☆☆	☆
教师指导行为	教师对幼儿的观察	关注幼儿的建构技能、材料使用、交流合作等			
		主动做好对幼儿建构游戏中表现的观察记录			
	教师对幼儿的指导	指导幼儿方式方法适宜，能有效帮助幼儿确定建构游戏的主题和内容			
		能够把握时机介入游戏，并采用适宜的方式引导幼儿自主解决问题			
		有意识地帮助幼儿逐步提升建构技能			
	教师对幼儿的评价	评价具有针对性，能关注幼儿的个体差异，具有支持和引领作用			
	教师反思与调整	能及时地对建构区域环境和材料进行反思和调整。能根据幼儿的兴趣和需要及时提供或更换材料			

表 3-3-4　幼儿园建构游戏中幼儿智能发展水平观察评价

观察日期：　　观察对象：　　性别：　　年龄：　　班级：　　所在幼儿园：

项目	一级评价指标	二级评价指标	评定等级 ☆☆☆	☆☆	☆
幼儿智能发展观察评价	语言智能	能与同伴交流、沟通，通过讨论进行分工安排			
	数理逻辑智能	能正确认知建构材料的大小、形状等特性，能对其进行比较、分类、观察和尝试			
		能获得并运用空间、距离、方向、守恒等数学概念			
	空间智能	认识并尝试绘制平面图，能依据平面图进行相应建构			
		懂得以自身所处的位置为参照点看图纸、画平面图			
		能准确地理解上下、前后、左右的空间关系			
	身体运动智能	能用手指精准地搭建建筑物的细节，并能使建筑物保持平稳			
		能熟练地搬运各种不同重量的积木，并进行搭建			
		当搭建对象达到一定高度时，能控制着继续往上叠加			
	艺术智能	能运用积木进行造型，获取物体的外在形态，并能表现出对称、平衡等艺术形式			
	人际交往智能	尊重他人的意见，与同伴协商、分工、合作并懂得分享和谦让			
		建立适当的游戏规则，注意保护自己和他人的作品			

表 3-3-5　幼儿建构能力和自主性发展观察评价

观察日期：　　观察对象：　　性别：　　年龄：　　班级：　　所在幼儿园：

项目	一级评价指标		二级评价指标	评定等级		
				☆☆☆	☆☆	☆
幼儿建构能力发展评价	基本技能	叠高、平铺、重复	能熟练使用积木进行叠高、平铺和重复			
		围合	能用很多积木围成一个多边形			
			能用积木围合成一个大致的圆形			
		架空	用一块积木盖在相互之间有一定距离的两块积木上面，从而把它们连接起来			
		接插	能将一块积木的一端插入另一块积木中，使之连接在一起，成为一个整体			
		排列、组合	能将积木按照一定的规律进行排列、组合			
		镶嵌	能将一个物体嵌入另一物体			
	装饰能力	关注细节	能运用小块积木进行细节装饰，注意平衡和对称，有规律和美感			
		借助材料	能借助辅助材料完善建构主体物			
	造型能力		能依据表象或平面图片搭建立体造型，具有一定的表征能力			
			尝试将单个物象排列组合成一组或多组物象			
建构游戏中幼儿自主性发展观察评价			感受到建构游戏的乐趣，在搭建过车中能保持愉快的情绪			
			有自己的想法，且能按想法有目的地进行建构			
			能自主寻求材料，能变通材料的玩法			
			能自己意识到问题，并能创造性地尝试解决			
			敢于自主展示自己的作品并尝试介绍			

观察一名或几名幼儿在建构游戏中的表现，从建构能力和自主表现两个维度进行检核，分析幼儿的发展特点，提出合理的教育建议。

任务四　幼儿规则游戏观察

　　规则游戏是教育者依据教育目标编制的一种有组织、有计划的游戏教育活动。幼儿园中的规则游戏一般包括体育游戏、智力游戏等。体育游戏是根据一定的体育任务设计，由身体动作、情节、角色和规则组成的一种活动性游戏。智力游戏是根据一定的智育任务设计，以智力活动为基础的一种有规则的游戏。通过观察幼儿在规则游戏中的行为表现，了解规则游戏对幼儿发展的价值，并能对游戏材料的提供和游戏环境的创设提出有效建议。

一、幼儿规则游戏观察的目标及内容

　　（1）了解幼儿园常见规则游戏的类型，熟悉规则游戏的玩法。
　　（2）观察幼儿在规则游戏中的行为表现，进行描述性记录和分析。
　　（3）能够对规则游戏进行反思，提出有效建议。

二、观察记录（表3-4-1、表3-4-2）

表 3-4-1　幼儿园体育游戏观察记录

幼儿园：	所在班级：	观察对象：	观察日期：	观察者：
游戏名称：					
游戏场地：					
游戏器材：					

项目	观察要点	体育游戏过程记录
体育游戏类型	**按活动形式分类** □接力游戏　　□追拍游戏 □争夺游戏　　□角力游戏 □猜摸游戏 **按有无情节分类** □有主题和角色游戏 □无主题游戏	
游戏前的准备	□告知幼儿游戏名称 □准备游戏所需教具、器械和玩具等 □查看幼儿服装是否适合进行体育游戏 □进行游戏前的准备活动，热身运动	
游戏中的组织	□集合，报数，排列队形 □介绍游戏的名称、方法、动作要求、交替信号和规则等 □帮助幼儿了解游戏方法 □示范游戏动作，对于比较复杂的动作进行慢动作示范 □让幼儿进行一定的练习，学习新动作。充分调动幼儿游戏积极性 □分队、分角色，保持各队人数合理，力量搭配相当。合理分配角色，可采用民主法、随机法、猜拳法和轮流法来确定游戏角色，激发幼儿积极性	

续表

项目	观察要点	体育游戏过程记录
游戏中的指导	□把握适当的运动量，根据幼儿在游戏中的精神情绪和完成动作的情况判定活动量的大小 □提醒幼儿遵守游戏规则 □注意幼儿身体姿势和动作的正确性 □注意安全 □游戏结束时做伸展放松运动	

记录一次幼儿园体育游戏活动，分析该活动的效果，并提出合理建议。

表 3-4-2 幼儿园智力游戏观察记录

幼儿园：	班级：	观察对象：	观察日期：	观察者：

游戏名称：
游戏场地：
游戏器材：

项目	观察要点	智力游戏过程记录
1. 智力游戏类型	□发展观察力的智力游戏：听觉游戏、视觉游戏、触觉游戏等 □发展注意力和记忆力的游戏：配对游戏 □发展想象力的游戏：猜谜游戏、补缺游戏、拼图游戏、听描述做动作游戏 □发展思维智力游戏：分类及归类游戏、运算推理游戏 □牌类游戏 □棋类游戏：围棋、象棋、飞行棋、五子棋等	
2. 智力游戏规则	□游戏方法适合幼儿年龄特征和认知特点 □具有趣味性和刺激性 □规则清晰易懂	
3. 智力游戏的指导	□教师根据幼儿发展水平编选和设计合适的智力游戏 □用简明生动的语言和适当示范，将游戏的目的、要求、玩法和规则介绍给幼儿 □难度较大的游戏可分步练习，分阶段练习 □督促幼儿遵守游戏规则	

记录一次幼儿园智力游戏活动的目的、规则、玩法和幼儿的表现，分析智力游戏对幼儿发展的价值。

模块四 幼儿园课程与教育活动观摩

幼儿园课程是幼儿园一日生活活动中，帮助幼儿获得有益学习，促进其身心全面和谐发展的各种活动的总和。幼儿园课程是实现学前教育目的的手段，是实现幼儿全面发展的中介。幼儿园课程内容来源于幼儿的生活，课程实施贯穿幼儿一日生活的各个环节，教师在课程实施中要为幼儿创设丰富的活动情境，为幼儿提供各种探究与互动的机会。我们在见习过程中，可以通过观察、访谈和调查等形式了解幼儿园课程设置的情况，学习幼儿园如何利用地域文化资源开发园本课程，实现课程的生活化与适宜性。

任务一　幼儿园整体课程设置调查

幼儿园整体课程是指幼儿园基于自己的办园理念和园所文化，在科学教育理念的引领下，指向明确教育目的开展的、促进幼儿全面发展的整体课程架构。了解幼儿园整体课程架构，有助于教师明确课程总体目标，不同课程内容之间的衔接，课程实施中的相互渗透。

一、幼儿园整体课程设置调查的目标及内容

（1）了解幼儿园课程和教材的整体情况，分析幼儿园课程特色。
（2）结合课程四要素，对幼儿园课程结构进行分析。

二、调查记录（表4-1-1）

表4-1-1　幼儿园课程设置调查表

请观察所在幼儿园课程和教材的特点，分析该幼儿园课程编制与实施的情况。
幼儿园：　　　　　性质：　　　　　规模：　　　　　位置：
该幼儿园的办园理念：
该幼儿园的主要特色：
该幼儿园的课程目标及特色：

续表

1. 该幼儿园实施的课程主要有（可多选） A. 省级课程　　　　B. 幼教公司开发的课程　　　　C. 园本课程　　　　D. 班本课程 E. 其他课程_____
2. 该幼儿园实施的特色课程有（可多选）： A. 蒙台梭利课程　　　B. 双语课程　　　C. 运动类课程　　　D. 艺术类课程 E. 方案课程（项目课程）　F. 科学类课程　　G. 语言类课程 H. 其他特色课程，请填写（　　　　）
3. 该幼儿园课程所配备的材料有： A. 教师用书　B. 幼儿用书　C. 挂图　D. 网络资源，如APP、网站等 E. 电子资源，如音频、图片、视频等 F. 其他配套资源_____
4. 各类课程在幼儿园开展的比例： 省级课程占（　）%，园本课程占（　）%，特色课程占（　）%，其他课程占（　）%
5. 请和所在班级教师交流，分析该幼儿园课程的特色，进行简要介绍。
请结合课程四要素（目标、内容、实施、评价）对该幼儿园的课程进行分析。

任务二　幼儿园健康教育活动见习

学前儿童自进入教育机构起，就开始接受健康教育，无论哪种类型的幼儿园课程，都包含对学前儿童实施的健康教育。幼儿园健康教育是为幼儿提供有目的、有计划的学习经验的过程，旨在提高幼儿对有关健康的认知水平，培养有益于健康的行为方式和习惯，促进幼儿身心健康发展。

一、幼儿园健康教育活动见习目标及任务

（1）了解幼儿园健康教育内容和活动形式，初步熟悉健康教育活动的组织流程。
（2）观摩不同类型的健康教育活动，对活动过程及效果进行反思、评价。

二、调查情况（表4-2-1至表4-2-3）

表 4-2-1　幼儿园安全教育调查

幼儿园：　　　　　　班级：　　　　　　日期：
根据您所调查的幼儿园安全教育现状，完成此表
1. 幼儿园是否有严格的入园人名登记和监控制度 A. 是　　　　B. 否　　　　C. 不确定
2. 幼儿园是否建立幼儿上下学接送交接制度 A. 是　　　　B. 否　　　　C. 不确定
3. 幼儿园是否建立详细的突发事件应急预案 A. 是　　　　B. 否　　　　C. 不确定
4. 幼儿园是否制定教职工安全教育培训制度 A. 是　　　　B. 否　　　　C. 不确定
5. 幼儿园是否建立校内安全定期检查制度 A. 是　　　　B. 否　　　　C. 不确定
6. 幼儿园是否制定用水、用电等相关的安全管理制度，是否定期进行检查、维修或更换 A. 是　　　　B. 否　　　　C. 不确定
7. 幼儿园室内生活、教学设施，各项建筑物是否符合国家安全质量标准 A. 是　　　　B. 否　　　　C. 不确定
8. 幼儿园是否投保校方责任险 A. 是　　　　B. 否　　　　C. 不确定
9. 幼儿园开展的安全教育内容有： A. 交通安全，帮助幼儿认识交通标记、交通规则、培养遵守交通规则的习惯 B. 消防安全，帮助幼儿了解火灾中的基本自救技能，参与消防演习，熟悉安全疏散线路 C. 防触电，防溺水，帮助幼儿了解安全用电的知识，知道不能私自去河边玩儿 D. 生活安全，让幼儿知道遇到坏人或走失时求救的方法，不进行危险游戏等

续表

10. 幼儿园开展安全教育的途径有： A. 专门的安全教育活动　　　　B. 安全演习　　　　C. 渗透在一日生活中的安全教育 D. 体验式安全教育
请详细记录一次安全教育活动 活动名称： 所在班级： 活动目标： 活动准备： 活动过程： 活动延伸： 活动反思与评价：

表 4-2-2　幼儿园日常生活中的健康教育调查

项目			观察要点
日常生活中健康教育的内容	生活卫生方面		1. 进餐 □了解基本的食物及营养常识 □掌握基本的进餐技能，如饭前洗手，进餐时细嚼慢咽 □注意饮食卫生，不吃脏东西 □不挑食，不偏食　　□其他_____ 2. 着装 □注意衣服卫生，衣服脏了要及时换洗 □能根据气温变化和活动量的大小增减衣服 □开始学习独立穿、脱衣鞋 □开始学会基本的叠放衣鞋的方法 3. 睡眠 □早睡早起，有规律的作息，有充足的睡眠时间 □睡眠姿势正确　　□不蒙头睡觉　　□能够独立安静地入睡 □午睡前自主将衣服放在固定的地方 □养成午睡前漱口的习惯 4. 清洁和环境 □定期剪指甲　　□手和脸脏了随时洗　　□愿意定期理发 □注意把物品摆放在固定位置，摆放整齐 □不乱丢果皮、纸屑　　□不乱写乱画　　□不随地吐痰

续表

项目		观察要点
日常生活中健康教育的内容	器官保护方面	1. **眼保健** □掌握基本的眼保健知识，如眼皮、睫毛可以保护眼睛等 □不躺着、趴着、走着看书 □阅读和书写姿势正确 □看电视距离远近适宜 □连续看电视、手机等电子产品时间不超过1小时 □异物进入眼睛不搓揉　　　□其他_____ 2. **口腔保健** □知道口腔里有牙齿、舌头等　　□知道口腔里能分泌唾液 □了解牙齿的作用　　　　□了解舌头的作用　□了解唾液的作用 □了解5～6岁换牙的保健知识　□学习刷牙、漱口等技能 □养成每天早晚刷牙的习惯　　□不吮吸手指 □不贪吃甜食、冷食　　　　□了解防止龋齿的保健知识 □其他_____ 3. **耳保健** □知道耳朵有耳郭、耳道等　　□了解耳道内的耳屎需要清除 □了解清除耳屎的正确方法　　□了解耳朵的重要作用 □知道遇到噪声时，要保护耳朵、捂耳朵、张开嘴 □洗澡、游泳时注意保护耳朵不进水 □其他_____ 4. **鼻保健** □了解鼻子的基本结构　　　　□了解鼻子各部分的基本功能 □掌握正确的擤鼻方法　　　　□不随意抠鼻孔 □不将异物塞入鼻孔　　　　□打喷嚏时捂住口鼻 □注意避开灰尘、噪声大的地方 5. **皮肤保健** □爱护自己的皮肤　　　　□掌握洗手、洗脚、洗脸等的正确方法 □能够主动洗手、洗头、洗澡，注意保持清洁

请详细记录一次有关身体保护和自理能力培养的幼儿园健康教育活动

活动名称：

活动目标：

活动准备：

活动过程：

活动延伸：

活动评价：

表 4-2-3 幼儿园体育活动观察记录

项目		观察要点
幼儿园运动器械	固定运动器械	☐滑行类：滑梯、滑板等　　☐摆动类：秋千、荡船、荡桥等 ☐旋转类：转椅、旋转木马等　☐颠簸类：摇马、跷跷板等 ☐攀登类：攀登架、攀网等　　☐钻爬类：隧道、滚筒等 ☐弹跳类：蹦蹦床、充气城堡等　☐其他_____
	中小型可移动运动器械	☐平衡木　☐投掷架　☐木质台阶　☐小梯子　☐小三轮车 ☐脚踏车　☐小手推车　☐滑板车　☐各类垫子 ☐其他_____
	手持小型器械	☐跳绳　☐小哑铃　☐橡皮筋　☐塑料圈 ☐毽子　☐小飞镖　☐棍棒 ☐各种大小球类：皮球、篮球、足球、保龄球等 ☐各类自制体育活动器械，如沙包、竹蜻蜓、铁环、套圈等 ☐其他_____
幼儿园体育活动内容	室内体育活动	☐各类球类运动 ☐室内大型器械活动，如蹦床、海洋球 ☐创造性身体表现活动，如体操、身体探索活动等 ☐体育游戏活动 ☐中小型器械活动，如跳绳、走平衡木、各类感统活动器材等
	户外体育活动	☐晨间分散的自由体育活动 ☐各类户外体育游戏 ☐利用各种替代性器械或自制器械进行的体育活动，如椅子、轮胎、木梯等 ☐利用大中小型专业体育器械的锻炼活动，如攀爬架、平衡木等 ☐利用环境和户外大型器械的锻炼活动，如操场、沙地、隧道、山坡等
体育活动组织流程	开始部分	☐迅速将幼儿组织起来，集中幼儿注意力 ☐进行充分的热身运用 ☐调动幼儿参与活动的积极性和愿望 ☐开始部分时间占总时长的10%~20%
	基本部分	☐复习已经学过的运动技能或教师示范新的运动技能 ☐幼儿进行练习，在练习中初步掌握动作技巧 ☐开展竞赛或加大运动量，引起幼儿高度兴奋 ☐基本部分时间占总时长的70%~80%
	结束部分	☐利用轻松的游戏或动作，缓解幼儿身心高度兴奋或紧张的状态 ☐做伸展运动，拉伸韧带，缓解肌肉酸痛 ☐对活动中幼儿的表现进行简单小结和评价，肯定幼儿的良好行为表现 ☐带领幼儿整理场地，收拾器材
体育活动教学方法	示范法	1. 按照示范的完整性：　☐完整示范　☐分解示范 2. 按照示范主体：　　　☐个人示范　☐双人示范　☐集体示范 3. 按照示范的具体方法：☐正面示范　☐侧面示范　☐镜面示范　☐背面示范 4. 按照具体的示范内容：☐动作示范　☐路线示范
	练习法	☐重复练习法　☐变化练习法　☐分解练习法　☐完整练习法 ☐其他_____
	讲解法	☐讲解内容清晰正确，符合幼儿接受能力 ☐讲解简明扼要，重点突出 ☐讲解富有启发性 ☐时机恰当，效果良好

续表

项目		观察要点
体育活动教学方法	游戏法与比赛法	□规则要求具体　□目的明确 □依据幼儿身体状况，合理控制运动量 □注重发展体育能力 □及时发现教育机会，把握时机进行指导 □评判公正
幼儿运动量适宜程度观察	适度疲劳	□面色稍红，汗量不多 □呼吸中速、较快 □动作协调、准确、步态轻稳 □运动中注意力集中，反应力正常，情绪愉快 □运动后饮食良好，食欲增加，入睡较快，睡眠良好，精神爽快，情绪好，状态稳定
	中度疲劳	□面色相当红，汗量较多 □呼吸显著加快、加深 □动作协调性、准确性和速度均降低 □能集中注意力，但不够稳定，反应力减弱，略有倦意 □食欲一般，偶尔会有所降低，情绪略有不振
	非常疲劳	□面色十分红或苍白，大量出汗 □呼吸急促、表浅、节奏紊乱 □动作失调，步态不稳，用力颤抖 □注意力分散，反应迟钝，精神疲乏 □进食量减少，厌倦练习

请观摩一个幼儿园体育活动案例，分析其优缺点

活动名称：

活动目标：

活动准备：

活动过程：

活动延伸：

活动评价：

任务三　幼儿园语言教育活动见习

幼儿园语言教育旨在通过为幼儿提供有计划的学习活动，发展幼儿运用语言与人沟通和交流的能力，提高幼儿的思维水平，满足幼儿欣赏语言美的需要。语言能力是在运用的过程中发展起来的，发展幼儿语言的关键是创设一个能使他们想说、敢说、喜欢说、有机会说并能得到积极应答的环境。幼儿语言的发展与其情感、经验、思维、社会交往能力等其他方面的发展密切相关，因此，发展幼儿语言的重要途径是通过互相渗透的各领域的教育，在丰富多彩的活动中去扩展幼儿的经验，提供促进语言发展的条件。在见习中，可以通过调查、观摩等途径熟悉了解幼儿园语言教育的途径和方法，提升语言教育教学技能。

一、幼儿园语言教育活动见习目标及任务

（1）了解幼儿园语言教育内容和活动形式，初步熟悉语言教育活动的组织流程。
（2）观摩不同类型的语言教育活动，对活动过程及效果进行反思、评价。

二、调查情况（表4-3-1至表4-3-3）

表格 4-3-1　幼儿园早期阅读资源及活动开展调查

项目		观察要点
早期阅读资源	幼儿园内资源	□班级有充足的阅读材料，图书、画报、早期读物等 □区角投放了合适的阅读材料 □幼儿园有专门的图书室或阅读中心 □班与班之间有公共阅读区域 □有幼儿自制阅读材料
	家庭阅读资源	□家庭有充足的阅读材料，如图画书、早期读物等 □家长定期带幼儿去公共图书馆借阅早期阅读材料
	社区阅读资源	□社区有专门的幼儿阅览室 □附近有可借阅图书的场所
幼儿园早期阅读途径		□集体早期阅读活动　　□自主阅读　　□小组阅读
幼儿园早期阅读频率		□每天定时阅读　　□每周固定阅读　　□随机阅读
幼儿园早期阅读指导		□提供阅读的机会和空间场所，营造宽松舒适的阅读环境 □尊重差异，满足不同幼儿的阅读需求 □阅读材料和幼儿生活游戏紧密联系，鼓励幼儿将所学知识运用到生活中 □鼓励幼儿相互交流、分享
请详细记录一个幼儿园早期阅读活动		
幼儿园：　　　班级：　　　阅读者：　　　观察日期：　　　观察者：		
阅读内容：		

续表

阅读时长：
阅读方式：
阅读过程：
对幼儿阅读活动的评价及建议：

表 4-3-2　幼儿园文学活动观察记录

项目	观察要点
文学活动类型	□诗歌（儿歌）、散文活动　　□故事活动　　□童话 □寓言　　□早期阅读　　□其他_____
幼儿诗歌、散文活动设计	1. 设置情境，引出作品 2. 教师示范朗诵诗歌、散文 3. 多途径帮助幼儿理解诗歌、散文 □通过音乐、挂图、幻灯片、多媒体课件等，帮助幼儿理解诗歌、散文 □通过描述性、思考性、建设性等提问，帮助幼儿理解诗歌、散文 □理解诗歌、散文中的字词句 □理解诗歌、散文中的情绪情感 □理解诗歌、散文的表现形式 4. 学习朗诵诗歌、散文 5. 围绕诗歌、散文主题开展相关活动 □诗歌表演游戏　　□诗歌仿编活动　　□绘画　　□唱诵　　□配乐朗诵
幼儿故事、寓言活动过程设计	1. 创设情境，引出故事 2. 教师通过幻灯片、绘本、录音、视频或生活有趣的故事课件等，讲述故事 3. 利用挂图、教具、故事表演等，通过描述性、思考性、建设性的提问方式，帮助幼儿理解故事主题、情节、人物性格 4. 迁移故事经验，围绕故事主题开展系列创造性语言活动
请详细记录一个幼儿园文学活动	
幼儿园：　　班级：　　授课教师：　　观察日期：　　观察者：	
活动名称：	

续表

活动目标:

活动准备:

活动过程:

活动延伸:

活动评价:

表4-3-3 幼儿园谈话活动观察记录

项目	观察要点		
谈话活动的特点	□有一个具体明确、有趣的中心话题 □谈话活动具有宽松、自由的交流语境和气氛，允许幼儿发表自己的独特经验和看法 □教师起着间接引导的作用，鼓励幼儿多交谈 □具有丰富的感兴趣的谈话素材		
谈话活动分类	形式分类	□日常生活谈话　　□日常个别谈话 □日常集体谈话　　□日常小组谈话 □其他_____	
	内容分类	□看图谈话　　□参观、观察后谈话 □游戏或活动后谈话　　□突发事件后的谈话	□其他
谈话活动的设计步骤	1. 创设谈话情境，引出谈话主题 2. 幼儿围绕话题自由交谈 3. 教师引导幼儿逐步拓展谈话范围，鼓励每位幼儿积极参与谈话 4. 教师总结谈话结论或引导示范新的谈话经验		
请详细记录一个幼儿园谈话活动			

续表

| 幼儿园： | 班级： | 谈话者： | 谈话对象： | 观察日期： | 记录者： |

谈话主题：

活动目标：

谈话背景或经验准备：

谈话过程：

对谈话活动的评价：

任务四　幼儿园社会教育活动见习

在幼儿园课程中，社会学习涉及学习儿童自身、自身与他人、自己与环境之间的相互作用，通过社会学习，向幼儿传递文化和生活方式，发展自我认识和认同。儿童早期社会学习对于儿童健全发展非常重要，儿童的自我意识是儿童形成自己人格，建立与他人和世界未来关系的基础。促进幼儿自尊心和自我价值感的发展，提高幼儿交流、分享、与人合作的能力是幼儿园社会领域学习的重要方面。社会领域的教育具有潜移默化的特点，在见习过程中，可以观察幼儿园一日生活和各项活动中幼儿与同伴和成人生活、学习、交往中的表现，发现他们社会性发展的特点，增进对幼儿的理解，提升促进幼儿社会性发展的教育技能。

一、幼儿园社会教育活动见习的目标与内容

（1）观察不同同伴交往类型的幼儿在日常生活中的表现，记录、分析其社会交往特点。
（2）尝试和幼儿交流，了解他们自我意识发展的特点。
（3）观摩幼儿园集体社会教育活动，记录活动流程并对活动进行分析评价。

二、观察记录（表4-4-1至表4-4-5）

表4-4-1 幼儿社会性行为特征观察

项目	同伴关系类型	观察要点
社会性行为特征	受欢迎幼儿	□积极快乐的性情　　□愿意与他人分享 □语言表达能力强　　□合作游戏水平高 □能坚持交往，会想办法吸引别人 □有主见，有领导才能　□外表吸引人 □其他_____
	被拒绝幼儿	□多破坏行为 □精力旺盛，极度活跃 □说话过分，喜欢打断别人 □常有不适当的行为 □反复试图与其他幼儿接近 □情绪不稳定，负面情绪多 □不会合作，不愿分享，不乐意接受他人的意见或想法 □其他_____
	被忽视幼儿	□容易害羞 □不敢自我表现 □外表不够吸引人 □很少攻击别人，对他人攻击常表现出退缩 □单独活动多，不善于表达和交流 □其他_____
	矛盾型幼儿	□能力较强，性格活跃，但调皮捣蛋，行为具有破坏性 □愿意与人交往，需要别人听他指挥 □喜欢谈话，喜欢将自己的观点强加给别人 □其他_____
	一般型幼儿	□有自己的交往群体，社会交往正常 □性格、情绪、行为表现较稳定 □对自己社交地位能做较正确的评价 □其他_____
个案观察：观察一名幼儿社会交往的特点，分析其同伴交往类型		
幼儿园：　　　班级：　　　观察对象：　　　观察日期：　　　观察者：		
观察对象的基本信息：（姓名，性别，年龄，家庭关系，早期成长经历等） 观察对象的行为表现： 生活活动中的表现： 学习活动中的表现：		

续表

游戏活动中的表现:
总体社会交往特点的描述:
对其同伴交往类型的判断:
个案教育建议:

表4-4-2　一日生活中的社会教育观察

环节		观察要点
生活环节中的社会教育	入园	□文明礼貌　　□口语表达
	点名	□关注同伴　　□了解自己
	自由游戏环节	□分享　　□交往　　□谦让　　□互助 □收拾和整理玩具　　□遵守游戏规则
	教学活动	□学习习惯　　□活动常规
	盥洗、喝水	□排队　　□节约　　□爱护公物　　□遵守常规
	离园	□总结　　□布置任务
	社会教育策略	□是非明确，语言简练 □积极正向为主，描述性表扬，关注行为后的内在感受

表4-4-3　幼儿自我意识的发展与教育观察

环节		观察要点
自我意识发展状态	**1. 自我认识** □对自己身体、外貌等外在特征的认识：我的姓名、性别，我个子高/矮、我长得很（　　） □对自己爱好、兴趣、气质等特点的认识：我最喜欢的玩具、人、做的事、我的本领 □对自己在群体中受欢迎度的认识：我的好朋友很多/少，我的好朋友是（　　）	

续表

环节	观察要点
自我意识发展状态	**2. 自我情感体验** □自我感受的认识：我今天很高兴/难过/生气，是因为（　） □自尊感：受到批评会（　），受到表扬会（　） □自信心：我会做（　），我能（　） □羞耻感：尿裤子会躲起来 □内疚感：破坏东西会难过 □其他表现 **3. 自我控制** □经常保持愉快的情绪。知道引起自己某种情绪的原因，并努力缓解 □表达情绪的方式比较适度，不乱发脾气 □能够接受延迟满足 □能够通过自我暗示等方式转移注意力 **4. 自我评价** □能较为全面地评价自己 □依赖成人的评价　　　　　□自己独立评价 □极大主观情绪的自我评价　□比较客观的自我评价 □对外部行为的评价　　　　□对内心品质的评价 □局部的自我评价　　　　　□比较全面的自我评价

个案观察：观察一名幼儿自我意识的发展特点

幼儿园：　　　　班级：　　　　观察对象：　　　　观察日期：　　　　观察者：

观察对象的基本信息：（姓名，性别，年龄，家庭关系，早期成长经历等）

观察对象的自我认识方面：

自我情感体验方面：

自我控制方面：

自我评价方面：

反思与建议：

表4-4-4 幼儿社会认知发展与教育观察

环节	观察要点
社会认知的内容	**1. 人际关系的认知** ☐幼儿对兄弟姐妹、父母长辈的关系有初步认知 ☐幼儿对同伴关系有正确的认知 ☐幼儿对师生关系有正确的认知 **2. 社会环境的认知** ☐对家庭有正确的认知 ☐对幼儿园有正确的认知 ☐对社区、旁边的公共场所有正确的认知 ☐对家乡、国家、民族有正确的认知 **3. 社会角色的认知** ☐了解不同社会角色的权利（学生、顾客、病人） ☐了解不同社会角色的义务（老师、收银员、医生） ☐了解不同社会角色的社会规范 **4. 社会规范的认知** 3~4岁 ☐在成人提醒下，能遵守游戏和公共场所的规则 ☐知道不经允许不能拿别人的东西，借别人的东西要归还 ☐在成人提醒下，爱护玩具和其他物品 5岁左右 ☐感受规则的意义，并能基本遵守规则 ☐不私自拿不属于自己的东西 ☐知道说谎是不对的 ☐知道接受了的任务要努力完成 ☐在成人提醒下，能节约粮食、水电等 6岁左右 ☐理解规则的意义，能与同伴协商制定游戏和活动规则 ☐爱惜物品，用别人的东西时也知道爱护 ☐做了错事敢于承认，不说谎 ☐能认真负责地完成自己所接受的任务 ☐爱护身边的环境，注意节约资源
教育行为	☐主动亲近和关心幼儿，经常和他一起游戏或活动，让幼儿感受到与成人交往的快乐，建立亲密的亲子关系和师生关系 ☐创造交往的机会，让幼儿体会交往的乐趣 ☐和幼儿一起谈谈他的好朋友，说说喜欢这个朋友的原因，引导他多发现同伴的优点、长处 ☐引导幼儿尊重、关心长辈和身边的人，尊重他人的劳动及成果 ☐成人要遵守社会行为规则，为幼儿树立良好的榜样 ☐结合社会生活实际，帮助幼儿了解基本行为规则或其他游戏规则，体会规则的重要性，学习自觉遵守规则 ☐教育幼儿要诚实守信
个案观察：观察一名幼儿社会认知的发展特点	
幼儿园： 班级： 观察对象： 观察日期： 观察者：	
观察对象的基本信息：（姓名，性别，年龄，家庭关系，早期成长经历等）	

续表

观察对象对人际关系的认知：
观察对象对社会环境的认知：
观察对象对社会角色的认知：
观察对象对社会规范的认知与执行：
反思与建议：

表 4-4-5 幼儿园集体社会教育活动观摩

环节	观察要点
社会教育目标	□能主动地参与各项活动，有自信心 □乐意与人交往，学习互助、合作和分享，有同情心 □理解并遵守日常生活中基本的社会行为规则 □能努力做好力所能及的事，不怕困难，有初步的责任感 □爱父母长辈、老师和同伴，爱集体、爱家乡、爱祖国
社会教育内容	□自我意识　　　　□社会认知　　　　□社会情感 □社会交往技能　　□社会适应能力　　□个性品质
社会教育活动的原则	□规则意识原则　　□正面教育原则　　□行为练习原则 □环境熏陶原则　　□一贯性原则
社会教育活动方法	□榜样示范法　　　□同伴学习法　　　□情景体验法 □移情法　　　　　□价值澄清法
活动准备	物质准备：各种教玩具、奖品、课件等 环境准备：座位的摆放、环境布置、情境表演等 知识经验的准备：事先参观、事先学习等
社会教育活动过程设计	1. 导入 □讲述故事导入　□出示教具导入　□猜谜导入 □谈话导入　　　□游戏导入　　　□其他导入 2. 活动展开 □引导幼儿讨论，层次清楚，环环相扣 □引导幼儿积极主动地参与 □关注全体幼儿的发展，使幼儿处于主体地位 □互动方式灵活多样，生动有趣

续表

环节	观察要点		
活动延伸	□家园共育 □区角活动	□领域渗透 □生活、游戏	□环境创设

请详细记录一个幼儿园的社会教育活动

幼儿园：　　　　班级：　　　　授课教师：　　　　观察日期：　　　　观察者：

活动名称：

活动目标：

活动准备：

活动过程：

活动延伸：

活动评价：

任务五　幼儿园科学教育活动见习

  幼儿园科学教育旨在通过为幼儿提供有计划的学习活动，激发幼儿对周边事物的好奇心，提高幼儿探究事物的兴趣，获取与生活经验相贴近的科学常识。科学教育包含科学探究和数学认知，其主要内容有认识动植物，感知和了解生活中常见的自然现象，接触和运用生活中的科技产品，认识数、量及数量关系，发现数学的有用和有趣。在见习中，可以观察幼儿在活动区、室内外以及园内园外进行的各种科学探究活动，观察幼儿园科学环境的创设，以及教师在科学教育中对幼儿学习的指导等，了解科学教育资源搜集的方式，发现幼儿科学及数学学习的特点，学习开展科学教育的方法。

一、幼儿园科学教育活动见习的目标及任务

（1）调查幼儿园科学资源的情况，初步学习开发幼儿园科学教育资源。
（2）观摩幼儿园科学教育活动开展情况，记录活动流程并对活动进行分析评价。
（3）观摩幼儿园数学教育活动开展情况，记录数学教育活动流程并分析。

二、观察记录（表4-5-1至表4-5-4）

表 4-5-1　幼儿园科学教育资源统计

幼儿园：　　　　　　　班级：　　　　　　　观察日期：

资源类型			
资源类型	自然资源	户外环境中的科学资源	□乔木　□灌木丛　□各类花草　□各类昆虫　□土壤 □沙池　□水池　□草地　□种植园地　□户外饲养园地 □其他_____
		班级自然角	□设置在教室的一角或走廊里，便于幼儿观察 □种植适宜室内生长的植物 □饲养易于照顾的动物 □自然角的材料随活动主题与四季更替有计划地进行更换
		生物养殖箱	□选择大、干净且盖子上带孔的容器，或购买专门生物养育箱 □创设适宜小动物生存的环境，如放入鹅卵石、砂砾石、炭粒等 □配备有必要的维护工具，如挖洞的小铲子、洒水壶等
	材料资源	科学探究资源	□物质的位置和运动材料，如小汽车、球、滑轮等 □有关探究光、热、电、磁等能量的材料，如磁铁、三棱镜等 □反映浮力、重力、弹力等各种自然力的材料，如斜坡、球等 □探究颜色变化的材料，如水彩、颜料等 □探究天气变化的材料，如温度计等
		科技制作活动资源	□木工活动材料，如木板、锯子、锤子等 □编织活动材料，如各色毛线、剪刀等 □各种建构活动材料，如积木、积塑、螺母等 □各种益智活动材料，如五子棋、七巧板等 □其他_____
		科学工具	□测量工具，如卷尺、直尺、钟表、天平等 □观察工具，如放大镜、显微镜、听诊器等 □体验技术发明与使用方法的用具，如漏斗、筛子、面条机、果汁机等 □其他工具_____
	社会资源	人员资源	□某一学科方面的专业人员　　　□医务人员 □当地有经验的长者　　　　　　□社会服务工作者 □图书馆工作人员　□技术人员　□其他_____
		周边物的资源	□当地农产品、矿产品及工业产品等 □当地各种设施，如活动中心、博物馆等 □当地农场、果园、养殖场等　　□其他_____
		信息资源	□图书资源　　□互联网资源　　□其他_____

表 4-5-2 幼儿园种植、饲养及实验类科学活动观察

环节	观察要点
植物种植	□户外土壤种植　　　□盆栽种植　　　□水养植物　　　□无土栽培植物 □观察幼儿园班级栽培了哪些植物：_____
动物饲养	□家禽，如鸡、鸭、鹅等　　　　　　　□家畜，如小兔、猫等 □昆虫，如蚕、知了、蝈蝈等　　　　　□水生动物，如鱼、龟、虾、蝌蚪等 □观察幼儿园饲养了哪些动物：_____
科学小实验	□种子发芽实验　　　　　　　　　　　□空气到处都有的实验 □物体沉浮实验　　　　　　　　　　　□影子的实验 □水的三态变化实验　　　　　　　　　□阳光与颜色关系的实验 □力的平衡实验　　　　　　　　　　　□电的功能的实验 □磁铁吸铁实验　　　　　　　　　　　□小动物生长需要空气的实验 □植物生长需要水、阳光、空气的实验 □融化的实验　　　　　　　　　　　　□其他_____
科学教育中的观察	观察法类型 □个别物体和现象的观察 □比较性观察 □长期系统性观察 □观察法的要点 □指导幼儿观察对象的显著特征 □指导幼儿运用多种感官事物特征 □引导幼儿全面、系统、有序地观察 □引导幼儿通过对观察对象的操作实践，把观察和操作相结合，全面观察事物，了解观察对象的变化 □鼓励幼儿用语言表达观察中的发现 □指导幼儿学习用各种方法记录观察结果
科学教育中的记录	记录的类型 □动作表征　□语言表达　□符号记录　□艺术体现　□间接补充 记录的要点 □记录时有明确的目的，并指导幼儿进行有意义的记录 □随时随地培养幼儿的记录意识、记录习惯与记录能力 □提供记录的工具，将幼儿的记录整理归纳，作为档案袋 □引导幼儿就记录的内容进行讨论

请详细记录一个幼儿园有关动植物、科学实验的集体活动

幼儿园：　　　　班级：　　　　授课教师：　　　　观察日期：　　　　观察者：

活动名称：

活动目标：

活动准备：

活动过程：

活动延伸：

活动评价：

表 4-5-3 有关数概念的数学教育活动

项目		观察要点
数概念的教学内容	小班	□感知 5 以内的数量　　　　　□学习点数 5 以内的实物 □学习取 5 个以内的相应数量的物品
	中班	□学习 10 以内的数字，理解数字的含义，会用数字表示物体的数量 □学习不受物体空间排列形式和物体大小等外部因素的干扰，正确判断 10 以内的数量，逐步建立等量的观念 □观察、比较、判断 10 以内的数量关系的多少 □感知和体验 10 以内的自然数列中相邻两数的数差关系 □认识 10 以内的序数
	大班	□学习 10 以内的单、双数和相邻数 □认识零 □能从 10 以内任意一个数开始进行顺数和倒数 □初步学习从不同方向确定物体在序列中的位置，会用序数词较准确地表示物体在序列中的位置 □学习 10 以内数的分解和组成，体验总数与部分数之间的包含关系 □学习 10 以内数的加减，认识加号、减号、等号，初步理解加法、减法的含义 □理解符号">""<""="所表示的意思，以及用符号表示 10 以内的数量关系 □认识 100 元以内的人民币，能说出它们的单位名称，知道它们的面值是不同的 □其他_____

请详细记录一个有关数概念的数学教育活动

幼儿园：　　　　班级：　　　　授课教师：　　　　观察日期：　　　　观察者：

活动名称：

活动目标：

活动准备：

活动过程：

活动延伸：

活动评价：

表 4-5-4 有关平面图形、量的比较、空间、时间的数学教育活动观摩

项目		观察要点
教学内容	图形	**小班** □认识和区分圆形、正方形、三角形 □能够辨认生活中常见的圆形、正方形、三角形物体 **中班** □认识和区分长方形、椭圆形、梯形、半圆形等 □体验图形的边角关系 □理解平面图形之间的关系，并能进行组合、分解和拼搭 **大班** □认识和区分立体图形（几何体）：球体、正方体、圆柱体、长方体 □理解和区分平面图形与立体图形之间的关系 □能够依据形体特征进行分类 □利用各种几何形体进行拼搭和建构活动，体验图形的边角关系
	量的比较	**小班** □比较两个物体的大小、长短，按物体的大小、长短给 4 个物体排序 □认识"1"和"许多"，初步感知"1"和"许多"的关系 □用"一一对应"的方法比较两组物体的数量，感知多、少和一样多 **中班** □比较高矮、宽窄、粗细、厚薄、体积等量的差异 □按物体的高矮、宽窄分类 **大班** □学习用自然物测量物体
	时间、空间方位	**小班** □认识白天、黑夜，有早、晚的时间概念，知道早、晚有代表性情节的日常变化 □学习以自身为中心区分上下、前后的空间方位 **中班** □有昨天、今天、明天的概念，知道上午、中午、下午的时间概念 □学习以自身为中心或他人为中心辨认里、外、远、近等 **大班** □知道星期、年、月的名称及顺序；认识时钟：长针、短针及其功用，认识整点和半点 □学习以自身为中心辨别左右
请详细记录一个幼儿园有关量、图形、时间、空间的数学教育活动		
幼儿园：　　　　　班级：　　　　授课教师：　　　　观察日期：　　　　观察者：		
活动名称： 活动目标： 活动准备：		

续表

活动过程：
活动延伸：
活动评价：

任务六　幼儿园艺术教育活动见习

　　幼儿园艺术教育包含音乐教育、美术教育和戏剧活动等。幼儿艺术领域学习的关键在于充分创造条件和机会，在大自然和社会文化生活中萌发幼儿对美的感受和体验，丰富其想象力和创造力，引导幼儿学会用心灵去感受和发现美，用自己的方式去表现和创造美。在见习中，可以观察幼儿在自发性歌舞表演、美工活动和教师主导的艺术教育活动中的表现，发现幼儿艺术学习的特点，学习幼儿园艺术教育活动开展的方法。

一、幼儿园艺术教育活动见习的目的及内容

（1）观摩幼儿园音乐活动的组织流程，记录活动过程，分析活动效果。
（2）观摩幼儿园美术活动的组织流程，记录活动过程，对活动进行分析评价。
（3）观摩幼儿在艺术学习中的表现，分析幼儿艺术作品的特点。

二、观察记录（表4-6-1至表4-6-7）

表4-6-1　幼儿园歌唱活动观察记录

项目	观察要点
歌唱活动目标	☐享受歌唱活动的快乐 ☐学会用嗓音进行艺术表现、发展音乐表现能力 ☐发展个性、社会性、积极情绪情感 ☐其他：_____
歌唱活动内容	☐幼儿歌曲　　☐童谣　　☐节奏朗诵　　☐外国歌曲改编 ☐幼儿即兴发挥创作的歌谣　　☐其他：_____
歌唱活动材料特点	☐歌词具有童趣、有教育意义，便于幼儿理解 ☐歌词适合用动作来表现 ☐歌词富有韵律美 音域范围　☐6度以下　☐7～8度　☐9～12度　☐13度及以上 节奏类型　☐2/4拍　☐3/4拍　☐4/4拍　☐3/8拍　☐其他：___ 结构长短　☐6小节以下　☐7～10小节　☐11～14小节　☐15小节及以上 词曲关系　☐一字一音较多　☐一字多音较多
歌唱表演形式	☐独唱　　☐齐唱　　☐轮唱　　☐合唱　　☐对唱　　☐接唱 ☐领唱齐唱　　☐歌表演
幼儿学习的歌唱技能	☐正确的歌唱姿势：身体正直，两眼平视，两臂自然下垂等 ☐正确的发声方法：下巴自然放松，嘴自然张开等 ☐正确的呼吸方法：自然呼吸，均匀用气，吸气时不耸肩等 ☐正确的演唱技能：轻松自如演唱，表情自然等 ☐默契的合作技能：注意倾听自己和他人的歌声，与他人和谐配合，注意倾听伴奏的声音等 ☐其他：_____
歌唱活动的导入形式	☐动作开始导入：教师展示简单有趣的动作或引导幼儿创编动作 ☐直观形象开始：出现图片、视频、玩教具实物等吸引幼儿注意 ☐歌词创编导入：教师直接提供新歌歌词，或引导幼儿根据情境用语言表达情境，组织成歌词 ☐情境表演开始导入：用模仿动作或邀请幼儿配合表演动作提示歌词内容 ☐从游戏开始导入：介绍游戏玩法或让幼儿玩已经学会的游戏导入歌曲 ☐从歌词朗诵开始：用教儿歌或诗歌的方式进行教学，注重歌词、音韵、节奏等 ☐从副歌开始：先学副歌部分，激发幼儿情绪，容易记忆 ☐从填充参与开始：先学习不断重复出现的衬词 ☐其他：_____
请详细记录一个幼儿园集体歌唱教学活动	
幼儿园：　　　　班级：　　　　授课教师：　　　　观察日期：　　　　观察者：	
活动名称：	
活动目标：	
活动准备：	

续表

活动过程：
活动延伸：
活动评价：

表 4-6-2　幼儿园韵律活动观察记录

项目	观察要点
韵律活动目标	□享受韵律活动的快乐 □学会用身体动作进行艺术表现、发展动作表现能力 □发展个性、社会性、积极情绪情感 □其他：_____
韵律活动类型	□简单律动　　　　　　　　　　□舞蹈（表演舞、集体舞、自娱舞） □动作表演游戏　　　　　　　　□歌表演
韵律活动动作	□基本动作：走、跑、跳、摇头、点头、抓握、弯腰、摆手等 □模仿动作：模仿动植物造型、模仿日常生活活动动作、模仿事物运动状态 □舞蹈动作：基本舞步（跑跳步、小碎步、小跑步、蹦跳步等）、民族舞蹈动作、上臂舞蹈动作（提压腕、手腕转动）
韵律活动表演形式	□独舞　　□双人舞或三人舞　　□领舞　　□群舞　　□其他：_____
幼儿学习的韵律活动技能	□变化动作的技能：变化运动方向或方式、变化动作幅度和力度、重心控制、变化动作姿势 □组织动作的技能：按情节组织、按对称原则组织、按主题动作组织、按某种秩序组织、按音乐重复与变化规律组织 □韵律活动常规：听音乐信号起立或坐下、听音乐信号开始或结束活动、结束后自己收拾道具和整理场地
韵律活动材料选择	□音乐：节奏鲜明、结构工整、旋律优美、速度适宜 □道具：增加活动趣味性、实用美观、扩大动作表现力
韵律活动导入形式	□从观察开始　　　　　　　　　□从回忆动作或场景开始 □从基本动作学习或复习开始　　□从舞蹈队形开始 □从游戏开始　　　　　　　　　□从故事讲述开始　　□从音乐欣赏开始
请详细记录一个幼儿园集体韵律活动	

续表

| 幼儿园： | 班级： | 授课教师： | 观察日期： | 观察者： |

活动名称：

活动目标：

活动准备：

活动过程：

活动延伸：

活动评价：

表4-6-3　幼儿园打击乐演奏活动观察记录

项目	观察要点
打击乐演奏活动目标	□享受打击乐演奏活动的快乐 □学会用奏乐的方式来表现音乐 □发展个性、社会性、积极情绪情感 □其他：_____
乐器的选择	碎响类乐器 □沙球　□铃鼓　□串铃　□棒铃　□摇铃　□铃圈　□沙蛋等 脆响类乐器 □木鱼　□响板　□双响筒 单响筒　□木梆子　□节奏棒 圆润类乐器 □三角铁　□碰铃 混响类乐器 □大鼓　□腰鼓　□手鼓　□小镲　□小锣　□小钹 其他特殊乐器 □蛙鸣筒　□卡巴萨　□其他：_____

续表

项目	观察要点
音乐的选择	□一段体　　□两段体　　□三段体 □节奏清晰，旋律优美，形象鲜明 □有鲜明、规律的对比因素，乐句或乐段间有明显差异 □是幼儿较熟悉的歌曲或韵律活动音乐
配器方案的特点	□图形总谱，用形状和色彩表现配器方案 □动作总谱，用身体动作来表现配器方案 □语音总谱，用嗓音来表现配器方案
配器的基本步骤	□熟悉音乐，对音乐进行反复倾听、哼唱、体验 □根据音乐风格和特点设计节奏型 □布局乐器 □尝试演奏，进行调整 □记谱，转化乐谱
打击乐演奏中幼儿学习的知识技能	□学习用自然协调的动作演奏乐器 □学习奏出适中的音量和美好的音色 □在演奏中注意倾听音乐和他人的演奏 □学习按音色给乐器分类 □学习利用乐器的搭配来制造良好的音响效果 □学习设计节奏型和音色安排 □教师用动作表示准备、开始和结束，幼儿可以做出恰当反应 □教师在指挥时用眼睛注视被指挥者，身体姿势进行暗示，幼儿能注视指挥者，积极与之交流 □教师的指挥动作与音乐的变化和节奏相一致，幼儿按照指挥者的手势做出整齐动作 □结束后幼儿收拾乐器、整理场地 □演奏时注意力集中，不做与演奏无关的事情
打击乐演奏的导入形式	□从总谱学习开始　　　　　　□从总谱创编开始 □从主要声部学习或创编开始　□从音乐欣赏开始 □从故事讲述开始　　　　　　□从歌唱或韵律活动开始
基本程序	□先整体后分部程序 □层层累加的程序
请详细记录一个幼儿园集体打击乐演奏活动	
幼儿园：　　　　班级：　　　　授课教师：　　　　观察日期：　　　　观察者：	
活动名称： 活动目标： 活动准备：	

续表

活动过程：

活动延伸：

活动评价：

表 4-6-4 幼儿绘画作品观察分析

项目	观察要点
幼儿绘画能力发展特点	**涂鸦期（1.3～3.4岁）** □未分化涂鸦，无规律的点和线，杂乱、随机的线条常常涂在画纸之外 □控制涂鸦，开始有意识地上下左右画线，出现了重复的斜线、直线、螺旋线、锯齿线等 □圆形涂鸦，开始画出圆圈线条，闭合或未闭合的圆圈，复线圆圈 □命名涂鸦，一边画线条或圆圈，一边对涂鸦进行命名 **象征期（3.5～5岁）** □造型上，用简单几何图形和线条的组合来代替实物，图像往往不完整，有遗漏 □色彩上，选择自己喜欢的颜色自由涂抹，涂色会不均匀 □空间构图上，随意布局，不注意物体的比例 **图式期（6～7岁）** □造型上，细节丰富，线条流畅，事物现象清晰，可以辨认 □色彩上，开始按照物体的固有色着色，开始用色彩表达情感 □空间构图上，出现基底线，形象与现象之间开始产生联系，开始表现物体的大小比例，上下左右的关系，能均匀涂色
幼儿独特的绘画表现形式	□拟人化，将没有生命的物体或有生命的动植物画得和人一样，有人的特点和本领 □透明画，画重叠的事物时不考虑物体之间的遮挡关系 □展开式，将不同视角观察到的事物画在同一个画面上 □夸张法，把自己认为重要的，印象最深的、最关心的事物画得很突出很仔细，忽视其他自己不觉得重要的地方
请搜集几幅幼儿的绘画作品，进行分析与反思	

续表

作品名称或主题：
作品内容描述：
作品形式特点：
造型：
色彩：
构图：
特殊表现形式：
反思：

表4-6-5 幼儿手工活动观察分析

项目	观察要点
幼儿手工能力的发展特点	**玩耍阶段（2～3岁）** □没有明确的手工活动目的，对工具材料的性质用途不能很好地掌握 □泥塑中，用手握紧或拍打、捏压黏土 □纸艺中，随意撕纸、折纸，无明确目的 **基本形状阶段（4～5岁）** □泥塑方面，幼儿开始通过双手的配合以及采用手部的不同动作来制作球形、长条等基本物体，长条出现长短、粗细的变化 □纸工方面，可以比较熟练地使用胶水，运用剪刀剪直线和弧线，进行简单的折纸活动和拼贴活动 **样式化表现阶段（6～7岁）** □泥塑方面，能够运用搓、压、捏、团等技能制作出条形、球形、立方体、饼状等不同的基本物体，能利用吸管、牙签等材料对作品进行加工和细部刻画 □纸工方面，能自如地使用剪刀，剪出自己想要的形状，边缘较整齐，能运用剪出的形状进行拼贴创作

续表

项目	观察要点
教师对幼儿手工活动的指导	□给幼儿提供必要的时间、空间、适合的操作材料和安全的工具，引导幼儿正确使用工具材料 □当幼儿遇到使用工具、材料等技术困难时及时加以引导 □对样式化期的幼儿鼓励他们相互合作，共同完成大型手工作品

请观察一名幼儿或一组幼儿在美工区制作手工作品的过程，记录并分析幼儿手工制作的特点

幼儿园：　　　　班级：　　　　创作幼儿：　　　　实足年龄：　　　　性别：

作品名称或主题：

使用材料：

使用工具：

制作的步骤和方法：

对幼儿制作过程及作品的分析与评价：

反思：

表 4-6-6　幼儿园绘画教育活动观察评价

项目	观察要点
绘画活动类型	**按题材分** □人物画　　　□动物画　　　□景物画 **按工具材料分** □硬笔画：水彩笔、蜡笔、油画棒等 □颜料画：水粉颜料、水彩颜料、国画颜料 □创意画：拓印画、吹画、纸版画、油水分离画、喷洒画 **按指导主题分** □命题画　　　□意愿画　　　□装饰画

续表

项目	观察要点
绘画活动的目标	□认识、体验不同绘画工具、材料的特性，探索学习各种表现方法 □认识常见颜色、线条和形状 □以自己喜欢的方式，用线条、色彩、构图等进行绘画活动，体验绘画创作的乐趣 □综合使用多种绘画工具和材料进行绘画创作活动，能大胆表达自己的情感和想法，养成良好的绘画习惯
绘画活动的教学方法	□语言指导法：讲授、谈话、讨论等 □直观感知法：观察、演示等 □指导练习法：示范、操作练习等 □情境熏陶法：联想、情境创设等 □引导探究法：尝试、探究等
绘画活动中教师的指导要点	**感知与体验环节** □提供给幼儿多样性、丰富性、典型性的美术作品作为感知对象 □引导幼儿分析事物的基本结构，帮助幼儿把握物体的形态特征 □提供给幼儿感知的作品与操作主题相匹配 □引导幼儿运用多种感官进行体验 **探索与发现环节** □为幼儿提供接触和使用操作材料的机会，鼓励幼儿在操作过程中了解工具材料的特性和技法 □鼓励幼儿自主探究、自我发现 □适当运用直接演示法，帮助幼儿掌握操作技法 **创作与表现环节** □创作前交代创作的要求，帮助幼儿明确构思、创作的主题 □创设宽松的心理环境，尊重幼儿创意，不随意评价幼儿作品 □鼓励幼儿在掌握方法的基础上不断创新，创作出与众不同的作品 **展示与评议环节** □展示幼儿作品，鼓励幼儿用自己的作品或艺术品布置环境 □作品评价与过程评价相结合 □鼓励幼儿自述、同伴相互欣赏、教师引导为主的评价方式
请认真观摩并评价一个幼儿园集体绘画活动	

幼儿园：	班级：	授课教师：	观察日期：	观察者：

活动名称：

活动目标：

活动准备：

活动过程：

活动延伸：

活动评价：

表 4-6-7 幼儿园手工活动观察评价

项目	观察要点
手工活动的类型	□泥工，用双手和简单工具将橡皮泥、面泥、陶泥、超轻黏土、纸黏土等塑造成立体物象的活动 □纸工，如剪纸、折纸、撕纸、拼贴纸、染纸、编纸等 □综合性手工制作，如面具制作、废旧材料制作、蔬果造型等
手工活动的目标	□认识各种点状、线状、面状、块状手工材料和手工工具 □掌握剪、折、撕、粘、搓、压、印等手工技能，会用不同手工工具和材料制作平面和立体作品 □大胆运用各种手工材料按照自己的意愿进行塑造，乐于用手工活动表达自己的想法和情感
幼儿手工活动的基本技能	**泥工活动的基本技能** □团圆，双手手掌用力匀速揉动，将泥团成圆球 □搓长，将泥放在手心，双手前后搓动，搓成长条或圆柱体 □压扁，将搓长的长条或团成的圆球压成片状 □捏泥，用拇指、食指、中指的指尖互相配合，以捏的技巧塑造细节部分 □抻拉，从一整块泥中，按物体的结构抻拉出各部分 □黏结，直接将两端塑成一边凸出另一边凹进的形状，将两边插接后压紧；用牙签等小木棍插接两端并压紧 □分泥：用目测的方法将大块泥按比例分成若干小块 **纸工活动的基本技能** 折纸技能 □对边折　　□对角折　　□集中一角折　　□四角向中心折 □双正方形折　□双三角形折　□双菱形折 剪纸技能 □目测剪　　□沿轮廓剪　　□折叠剪 撕纸技能 □纸的拿法　□起撕　　□直撕　　□转撕　　□折叠撕 □自由撕　　□按轮廓撕

请认真观摩并评价一个幼儿园手工教育活动

幼儿园：　　　　班级：　　　　授课教师：　　　　观察日期：　　　　观察者：

活动名称：

活动目标：

活动准备：

活动过程：

活动延伸：

活动评价：

任务七 幼儿园融合教育观摩

融合教育是指将残障儿童与普通同伴安排在同一教室里一起学习的方式。随着融合教育在我国的不断发展，学前融合教育也逐渐得到关注和重视。学前融合教育是指让有特殊教育需要的学前儿童进入普通幼儿园，与一般儿童共同接受保育和教育的形式。学前融合教育对有特殊需要的幼儿在自我控制、同伴游戏、模仿、社会性发展等方面有积极促进作用。参与融合教育的幼儿表现出更高的社会参与和互动水平，获得更高水平的社会支持，拥有更完善的个别化教育计划目标，能更好地为融入普通小学打下基础。融合教育不仅应关注残疾儿童在普通教育环境中的成长，也需要关注到该环境中其他儿童的成长发展。研究表明，不仅是残疾儿童能在融合环境中得到较好的发展，普通儿童也能在融合环境中受益。儿童可以在融合的环境中积极参与课堂活动，发展友谊，形成正确的对于残疾的认知和态度。为学前残疾儿童提供参与课堂和活动的机会，不仅保护残疾儿童平等的权利与地位，同时也更有利于普通儿童建立平等的观念，减少对残疾儿童的偏见和误解。残疾群体的平等地位不能仅落实于书面政策法规，更重要的是能够推动残疾群体走向社会，参与社会活动，享受同等的权利。融合教育的开展需要全面的支持体系，需要政府提供相应的财政支持，幼儿园配备有融合教育素养的教师和资源室，需要家长的支持和配合。在见习期间，观摩幼儿园融合教育开展情况，了解幼儿园融合教育资源室的配备情况，和教师交流融合教育中存在的问题，学习融合教育方法，提升开展融合教育的技能。

一、幼儿园融合教育观摩的目的及内容

（1）观摩幼儿园融合教育资源室，了解资源室建设情况。
（2）观察教师在教育过程中的融合教育方式，关注特殊儿童受教育情况。
（3）了解学前特殊需要儿童的特点，学习制订个别化教育计划。

二、调查情况（表4-7-1至表4-7-3）

表4-7-1 幼儿园融合教育资源室调查表

所在幼儿园：	幼儿园性质：	幼儿园位置：
办园规模：	幼儿总人数：	特殊需要儿童数：
教师人数：	开展融合教育教师人数：	

项目	观察要点
总体要求	□遵循特殊需要幼儿身心发展规律，以增强幼儿终身学习和融入社会能力为目的 □坚持设施设备的整体性和专业服务系统性，为特殊需要幼儿的学习、康复和生活辅导提供全方位支持 □根据每一位特殊需要幼儿的类型、问题程度和个性需要，及时调整更新配置 □确保安全，符合国家相关安全和环保标准
功能作用	□可以开展特殊教育咨询、测查、评估和建档等活动 □进行知识技能辅导 □进行生活辅导和社会性训练 □进行基本的康复训练 □提供支持性教育环境和条件 □开展普通教师、幼儿家长和有关社区工作人员的培训

续表

项目	观察要点		
场地与环境	□位置相对安静、进出方便 □面积不少于 60 平方米,可由多个房间组成,应安排在一起 □基础设施符合《无障碍环境建设条例》《特殊教育学校建筑设计规范》等相关规定		
区域设置	□学习训练区,用于个别或小组形式对幼儿进行学习辅导,以及相关的认知、情绪、社会发展方面的训练。根据幼儿需要,进行动作及感觉统合训练、视功能训练、言语语言康复训练等 □资源评估区,存放幼儿教学训练计划,教师工作计划,教具、学具、图书音像资料,对幼儿进行学习需求测查,心理、生理功能基本测查和评估等 □办公接待区,用于教师处理日常工作事务及开展相关管理工作,接待幼儿、家长等来访者		
资源教师	□资源教师原则上须具备特殊教育、康复或其他相关专业背景,具有相应教师资格,符合《特殊教育教师专业标准》的规定,经过岗前培训,具备特殊教育和康复训练的基本理论、专业知识和操作技能		
配备设施	基础设备	办公用具	办公桌椅、电脑、电子白板等
		学习用具	课堂桌椅等(含肢体残疾幼儿使用的轮椅桌及矫形椅、低视力幼儿使用的升降桌及椅子等);电脑及相关学习软件;有声读书机、盲用便携式电脑等
		储物用具	各种文件柜及书柜:存放资料或其他文件、图书资料的文件柜、书柜;存放教学活动或干预训练所需用品的储存柜或置物架等
	图书音像		□特殊教育专业图书及杂志、一般教育/心理图书、教法类图书、康复医学类图书及各种专业工具书籍(包括手语类、盲文类等)相关图书等 □儿童阅读的各类图书(含绘本)及音像资料、益智类光盘等 □儿童阅读的大字及盲文读物、语音读物、触摸式读物
	益智类教具学具类		□橡皮泥、棋子、画笔、模型、玩具、塑封的实物或卡片等 □儿童图形认知板、字母数字列车、几何图形插件、蒙台梭利教具、早期干预卡片等能够促进幼儿认知能力发展的教具学具
	肢体运动辅助类		□大动作训练:步态训练器、支撑器、助行器及跳绳、拐杖、球类等能够促进幼儿大运动技能发展的简单器具
			□精细动作训练:分指板、抓握练习器、套圈、沙袋、不同硬度和粗细度的磨砂板及手功能训练材料、OT 操作台(注:串珠、小型拼接积木、扣子等都可以帮助精细运动的发展)
			□感觉统合训练:滚筒、大龙球、触觉球、吊揽系列、滑梯和滑板、蹦床、跳袋等
	听觉及沟通辅助类		□听觉功能及手语训练:训练听觉功能的各种产生不同频率、响度、声音的物品等;手语训练卡片及光盘等;助听器及保养仓等 □言语沟通训练:用于呼吸、发声、语音训练的物品(蜡烛、气球等)、图片、学具(喇叭、哨子、游戏版等)及软件光盘;语言训练卡片、沟通板、语言能力评估与训练材料等

续表

项目		观察要点
配备设施	视觉辅助类	□盲文板、盲文笔及盲文纸；盲用直尺、盲用三角板、盲用算盘、盲用量角器、盲用圆规、盲用卷尺、盲用绘图板等 □盲文版教材及各种触摸图集、模型；语音计算器、盲杖、眼罩等
其他可选配备实施		□太极平衡板、手摇旋转器、跳袋、平衡木、独脚椅、平衡功能评定及训练设备等 □作业治疗器等、踏步器、平衡功能评定及训练设备、上肢运动功能训练设备、下肢运动功能训练设备、轮椅等 □多感官统合训练设备等
		身心发展评估工具： □学习风格评估量表及工具　　　　□阅读学习能力评估量表及工具 □数学学习能力评估量表及工具　　□大动作、精细动作、体能评估量表及工具 □情绪行为问题评估量表及工具　　□认知评估量表及工具等
		心理康复训练类： □认知干预操作用具　　　　　　　□沙盘等 □进行音乐治疗时使用的电子琴、吉他、音响等（民族地区可选配当地相应的民族乐器）

了解一所幼儿园融合教育资源室的建设情况，对资源室的基本布局、场地环境、区域设置、基本配备等进行记录，分析所发挥的功能和作用。

表 4-7-2　特殊需要儿童期望行为评估

所在幼儿园：　　　　　所在班级：　　　　观察对象：　　　　性别：　　　　年龄：
观察日期：　　　　　　观察场景：　　　　观察者：

班级活动	班级期望	幼儿表现水平		
		良好	正常	再加强
入园	能情绪愉悦地入园，不用教师过多安抚			
集体活动时间	坐在自己的座位上，看着老师，部分参与集体活动，回答常识问题，练习数数、唱歌、手指游戏等			
区域活动时间	尝试不同区域的活动，探索材料，能与同伴一起玩儿			
过渡环节	听从老师指令放回玩具，根据标签将玩具放回相应位置，当停止游戏时能停下来			
就餐时间	坐在餐桌前，尝试食物，与同伴有适宜的互动			
户外活动	能跑和玩儿，有一定的自我控制能力，探索游戏设备，有一定的安全意识，在其他同伴旁边玩耍，分享玩具			
午睡	能自己穿脱衣服，在规定时间入睡，不大哭大闹			
离园	遵照老师指令，能拿好自己的书包和物品，和同伴一起排队，安静等待家长			

关注班级里的特殊需要幼儿，观察他在一日生活中适应集体生活的能力，与同伴交往的方式，对其存在的问题进行描述、分析，并设计个别化教学计划。

个案情况描述：

主要问题：

个别化教学计划：

表 4-7-3　特殊需要幼儿教室内常规性挑战行为和教师对策检核

所在幼儿园：	所在班级：	观察对象：	性别：	年龄：
观察日期：	观察场景：	观察者：		

挑战性行为	教师对策	常用策略
幼儿在集体活动中积极性不高		1. 环境支持：改变物理环境、社交环境和时空环境来促进参与和互动学习 2. 材料调整：调整活动材料使得幼儿能够尽可能独立参与 3. 简化活动：根据幼儿能力减少任务或简化任务 4. 利用幼儿喜好：用幼儿喜欢的玩具、活动或喜欢的人来吸引幼儿 5. 特殊设备：使用特殊设备来提高幼儿的参与机会 6. 成人支持：通过亲自示范、表扬和鼓励等辅助幼儿 7. 同伴支持：为幼儿寻找一个小助手，请同伴示范或帮助 8. 隐性支持：在活动中根据幼儿的特点调整顺序
幼儿拒绝参加集体活动		
幼儿在集体活动中发脾气		
在集体活动中幼儿游说他人不要排队		
幼儿不愿参加某个活动区的活动		
幼儿在活动区转换中有困难		
幼儿固执己见，不听从命令		
幼儿在教室内奔跑		
幼儿咬食玩具或材料，不恰当啃咬物品		
幼儿从他人手中争抢物品		
幼儿动手打人、咬人，欺负他人		
幼儿注意力不集中		
幼儿大哭大闹		
幼儿顶嘴、反驳		
幼儿沉溺于自我刺激行为		
幼儿沉溺于自伤行为		
幼儿走路不稳，下楼梯困难		
幼儿很难融入小组活动		
幼儿有强烈的分离焦虑		
幼儿在教室内大喊大叫		
幼儿在集体活动中打扰别人		
幼儿不会使用语言交流		
幼儿自行跑出教室		
幼儿对过渡环节的指令不予理睬		
幼儿不会玩玩具		
幼儿不会排队，无法遵守教室常规		
幼儿不会自我清洁，不会洗手		
幼儿容易或经常呕吐，窒息		

关注幼儿园教室内特殊需要幼儿所发生的挑战性行为，及教师采取的对策，记录行为的频次，学习教师策略，分析策略的有效性。

实习指导篇

模块五　幼儿园一日生活组织与班级管理实习

幼儿园的一日生活活动，是指幼儿在园的所有活动，是幼儿园课程的全部内容，包括生活活动、游戏活动、学习活动、运动这四种形式，具体包括入园和晨间活动、早操、教育活动、过渡环节、游戏活动、生活活动、离园等环节。

任务一 幼儿园一日生活组织与保育实习

幼儿在幼儿园（班级）的生活质量，取决于班级一日生活活动的水平，更确切地说，取决于班级教师组织一日生活活动的保教水平。一日生活活动的质量直接影响幼儿在园的情感体验和能力发展，同样，幼儿的快乐程度和发展水平也体现了幼儿园一日生活组织的价值和意义。

一、一日生活组织和保育实习的目的和意义

幼儿园一日生活组织和保育工作，旨在进一步熟悉幼儿园的全面工作，加深对幼儿园一日生活有效、有序开展的理解；在已有的见习工作经验基础上，获得进一步将所学理论知识和技能运用于实践的机会，获得有效组织指导幼儿参与幼儿园一日生活的方法，提升从事幼儿教育工作的实际能力；在实践中检验所学理论的准确性，提升运用正确理论创造性的分析实际问题的能力，避免纸上谈兵；通过接触幼儿、了解幼儿，逐步形成尊重幼儿、热爱幼儿、关心幼儿、理解幼儿的教育理念和教育情怀，领会教师是幼儿学习的支持者、合作者、引导者的真正含义。

有准备的、有计划的、有深度的幼儿园一日生活组织和保育实习工作，有助于初步培养实习生从事幼儿教育工作的实际能力，全面深刻地了解幼儿教师职业的专业性和特殊性，提前做好从事该行业的心理准备，进一步提升对该专业的理解和热爱，增强对幼儿教育职业的认同感。

二、一日生活实习工作的内容及要求

《幼儿园工作规程》指出，幼儿园一日活动的组织应动静交替、注重幼儿的实践活动、保证幼儿愉快的、有益的自由活动。幼儿园一日生活活动需要通过一日作息安排将其固定下来，形成园所常规教育工作制度，并严格执行，确保其合理性和管理的有效性。当然，合理的一日生活作息制度，不仅是对日常教育工作按时间进行的简单安排，还应该考虑儿童的发展需求、教育内容和教育方法的综合因素，确保幼儿能通过一日生活活动获得全面发展。

幼儿园一日生活实习工作的内容，按时间先后顺序，包括入园和晨间活动、早操、教育活动、过渡环节、游戏活动、生活活动、离园等。

学前教育专业实习生，需要在实习工作中学习晨间接待、晨间检查、晨间户外（室内）活动、早操、集体（小组）教学活动、随机教育、过渡环节、晨间自由游戏、上午区域游戏时间、午点后至离园前的游戏、盥洗、饮水、进餐、散步、睡眠、离园等活动的组织。实习生需在实习之初观察班级教师如上活动的组织情况、与执行教师及时交流讨论、总结要点，而后学习独立组织上述各类各环节的活动，并最终胜任独立组织活动的工作。

三、一日生活组织和保育实习任务

（1）理解生活环节对幼儿发展的重要意义，了解幼儿园一日生活各环节的常规与要求。
（2）学习一日生活保育工作的开展，掌握一日生活各环节保育工作的要点与策略。

四、任务完成情况（表5-1-1至表5-1-4）

表 5-1-1　一日生活各环节活动组织安排

环节	实习要点	指导教师完成情况（√/×）	我的完成情况（√/×）
入园	1. 事先做好入园准备，保持幼儿园内外的清洁卫生 2. 热情、亲切地接待幼儿，有礼貌地向家长问好，用简洁的语言了解幼儿在家的情况，听取家长的建议和意见，做好个别幼儿的衣物、药品、营养品等交接工作 3. 做好晨检工作。一般方法是：一摸，额头是否发烧，腮腺是否肿大；二看，脸色、皮肤、眼神和咽喉是否有异常；三问，身体有无不适，了解在家的饮食、睡觉和大小便情况；四查，有无携带不安全物品 4. 积极引导幼儿晨间活动。准备好活动材料和玩具，引导幼儿参加晨间活动，根据幼儿的兴趣和爱好，自由选择活动内容和伙伴，注意个别教育，对不爱活动、性格孤僻的幼儿要个别关照，给予帮助 5. 教育幼儿养成良好习惯。教育幼儿学会保持活动室的整洁、有序和美观。让幼儿参加力所能及的劳动，培养幼儿自己的事情自己做、热爱劳动、团结合作的优良品质		
晨间户外活动	1. 保证幼儿每天的游戏活动时间不少于2小时，合理安排户外活动时间 2. 组织和指导幼儿的活动，提供必要场地、材料、工具等，做好观察记录，及时调整活动内容 3. 留心看护，注意安全		
早操	1. 做好准备工作，场地安全，户外游戏材料充足 2. 尊重幼儿成长规律，控制活动密度 3. 加强组织和安全管理，避免发生意外 4. 创新活动内容，提高幼儿活动积极性		
过渡环节	1. 提醒幼儿上厕所 2. 组织游戏活动，丰富幼儿生活，注意动静交替，可到户外进行 3. 保持幼儿活动在教师的视线范围内，关注幼儿活动，保证安全 4. 在饭前半小时转入安静状态，准备盥洗、进餐		

续表

环节	实习要点	指导教师完成情况（√/×）	我的完成情况（√/×）
早点	1. 营造轻松愉悦的进餐环境，有序组织幼儿进餐 2. 做好幼儿进餐准备，有序摆放餐具、桌椅 3. 教会幼儿正确洗手、洗脸的方法，小班幼儿会漱口、中大班幼儿会刷牙 4. 督促幼儿盥洗，盥洗后一一检查，合格后方可离开		
集体教育活动	1. 活动前做好准备工作：准备好教具学具，了解幼儿的兴趣和实际水平，明确教育目的，做好教育活动的计划 2. 活动中，教育内容合理安排，教学方法灵活多样，以幼儿为本，注重培养幼儿主动学习的良好习惯，注意全体教育与个别教育相结合 3. 学会自我反思，记录分析幼儿的学习情况，积累经验，提高教学水平		
区域游戏活动	1. 引导幼儿自主选择区域进行游戏，必要时提醒游戏规则 2. 播放区域游戏音乐，营造宽松愉悦的氛围 3. 适当参与幼儿游戏，处理突发状况 4. 组织幼儿收放玩具，指导幼儿将各区玩具分别摆放在固定位置		
盥洗	1. 有序组织幼儿盥洗 2. 做好幼儿盥洗准备，分类保管幼儿卫生用品 3. 教会幼儿正确洗手、洗脸的方法，小班幼儿会漱口、中大班幼儿会刷牙 4. 监督幼儿盥洗，盥洗后一一检查，合格后方可离开		
如厕	1. 饭前、外出、集体活动前应提前安排幼儿如厕 2. 允许幼儿按需随时大小便 3. 指导幼儿整理好衣裤		
喝水	1. 幼儿水杯消毒，有序摆放水杯，标示幼儿名字 2. 准备充足、清洁的饮用水，教育幼儿不喝生水，不暴饮，讲究饮水卫生，节约用水		
午餐	大致要点同早点环节		
散步	1. 组织幼儿散步半小时，帮助幼儿消化 2. 可慢走，也可带幼儿到草坪上玩耍，注意提醒幼儿不要剧烈运动		
午睡	1. 有序组织幼儿午睡 2. 指导幼儿正确睡姿，随时观察幼儿睡姿，及时纠正 3. 关注幼儿精神和情绪，防止生病等突发事件 4. 起床后，提醒幼儿自己穿衣、穿鞋 5. 检查幼儿穿衣情况 6. 指导幼儿整理床上用品，培养独立意识和自理能力		

续表

环节	实习要点	指导教师完成情况（√/×）	我的完成情况（√/×）
午点	大致要点同早点环节		
离园	1. 提醒幼儿检查自己要携带回家的物品 2. 检查幼儿是否穿戴整齐 3. 做好家园联系工作 4. 关好门窗、电器等，安全离园		

表 5-1-2　一日生活流程和常规记录

活动环节	行为主体（保育员或教师）	组织语言、行为（重复的不必记录）	值得关注的幼儿行为（表现记录及思考）

表 5-1-3　一日生活各环节保育工作实习安排

环节	实习要点	指导教师完成情况（√/×）	我的完成情况（√/×）
入园	1. 做好幼儿来园准备，开窗通风，打热水、拿水杯、准备洗手毛巾，做好日常清洁		
	2. 擦桌子，坚持四遍消毒法（肥皂水、清水、稀释84消毒液、清水）		
	3. 做好幼儿值日前准备，如洗手、安排值日顺序等		

续表

环节	实习要点	指导教师完成情况（√/×）	我的完成情况（√/×）
晨间户外活动	1. 协助按计划组织室内晨间活动或户外晨间活动		
	2. 户外晨间活动前进行相关准备，如幼儿水杯、毛巾、面纸等		
	3. 户外晨间活动需提前检查活动场地、器材的安全性		
	4. 户外活动中照顾体弱幼儿、注意幼儿活动情况和活动安全		
	5. 做好配班工作，协助指导幼儿参加户外活动		
早操	1. 做好早操前准备，检查幼儿衣着情况（是否冷热），鞋带是否系好		
	2. 在早操前后，依据幼儿冷暖情况及时增减衣物		
过渡环节	协助教师做好过渡环节活动的组织		
早点	1. 提前15分钟到食堂取幼儿餐具，餐具上有盖布，准备好餐食		
	2. 指导中大班值日生工作，提醒幼儿餐前洗手		
	3. 教育幼儿正确使用餐具，掌握每位幼儿进餐量和注意照顾体弱幼儿，及时提醒进餐慢和注意力不集中的幼儿，养成文明进餐的习惯		
	4. 随时为幼儿添饭，提醒幼儿不用汤泡饭，不催吃		
	5. 餐后指导值日生协助擦桌子，保育员送餐具		
	6. 对桌面进行清洁和消毒，对地面食物进行清理		
集体教育活动	1. 集体活动前协助教师组织幼儿洗手、喝水、如厕，及时清扫厕所地面		
	2. 主动了解活动内容和要求，协助准备活动教具、玩具，配合教师组织活动		
	3. 配合指导幼儿参与活动，活动中不离开班级		
区域游戏活动	1. 协助组织区域活动，适当参与幼儿游戏		
	2. 配合教师组织幼儿收放玩具		
盥洗	1. 组织幼儿安静有序地盥洗，指导幼儿正确的洗手方法		
	2. 注意幼儿衣物和地面干净，及时清理		

续表

环节	实习要点	指导教师完成情况（√/×）	我的完成情况（√/×）
如厕	1. 饭前后、外出、集体活动前应提前安排幼儿如厕		
	2. 照顾小班幼儿如厕（指导幼儿擦屁股后教师给幼儿再擦一次），穿裤子		
	3. 给幼儿提供卫生纸，培养幼儿自主如厕能力，指导幼儿便后用肥皂洗手		
	4. 随时打扫厕所卫生，确保厕所无异味		
	5. 整理好厕所物品用具		
喝水	1. 幼儿入园前、起床前及能根据幼儿饮水情况及时备足开水，水温适宜，保证幼儿按需按量饮水		
	2. 幼儿离园后清洗饮水桶，确保桶内干净无异物		
	3. 督促幼儿多饮水，特别关注与照顾体弱幼儿		
	4. 幼儿饮水后，及时擦净地面水迹，避免幼儿滑倒		
午餐	大致要点同早点环节		
散步	进行午餐后的清理工作，不参与散步环节		
午睡	1. 做好午睡前的准备工作，冬季关好窗户，拉好窗帘，保持室内温度合适，指导大班幼儿盖好被子		
	2. 有教师在睡室照顾幼儿时，清扫教室地面和桌椅		
	3. 幼儿起床前半小时为幼儿准备午点，打好热水		
	4. 做好幼儿起床工作，照顾个别自理能力较弱的幼儿穿衣，引导中大班幼儿自主叠被		
	5. 所有幼儿起床后整理床铺，检查床铺有无污渍，擦地消毒，开窗透气		
	6. 帮助幼儿梳头、整理衣物		
午点	大致要点同早点环节		
离园	1. 配合教师组织幼儿安全离园		
	2. 热情礼貌地和幼儿、家长道别		
	3. 幼儿离园后方可打扫室内卫生，检查室内安全		
	4. 定期清洗幼儿玩具，暴晒消毒		
	5. 室内清扫完毕后打开教室和午睡室的消毒灯，第二天清晨关闭		

表 5-1-4　一日生活保育工作行为及反思

保育工作行为	指导事件摘要	反思（我为什么这样做，指导教师为什么要我那样做）
（事例）午休起床后帮助幼儿穿衣	（事例）我看到几个幼儿在穿外套，我过去帮他们穿。指导教师对我说："不要帮他们穿，要让他们自己学会穿。"对还不怎么会穿衣服的幼儿，指导教师用语言提示，并鼓励他们。虽然费力，但他们仍然通过自己的努力穿上了衣服	（事例）虽然我知道"幼儿自己能做的事都让幼儿自己做"的教育理念，但在真实情境中还是会不自觉地去帮忙。指导教师的做法是为了培养幼儿的自理能力，有助于幼儿个性发展

任务二　幼儿一日生活评价实习

幼儿一日生活评价实习，是指对幼儿在一日生活各环节中的具体行为表现、情感态度等方面进行评价的实习内容。

一、幼儿一日生活评价的目的和意义

对幼儿一日生活的评价主要依靠观察，由于幼儿群体的特殊性，对其的评价是建立在观察结果的基础上，主要是对观察到的各方面信息进行分析，读懂幼儿的行为表现，对幼儿的发展状况做出合理的评价和分析。

评价的最终目的是为了了解幼儿的发展需要，以便提供适宜的帮助和指导，同时需关注幼儿的个体差异，依据不同发展水平的幼儿进行不同的评价，能力强的幼儿，评价是为了下次更高层次的活动，能力弱的幼儿，评价是为了其自信心与积极性的建立和提高。

二、幼儿一日生活评价的内容和要求

《幼儿园教育指导纲要》指出，对幼儿发展状况的评估需注意全面了解幼儿的发展状况，防止片面性，尤其是避免只重知识和技能，忽略情感、社会性和实际能力的倾向。因此，实习

生在对幼儿一日生活进行评价时，重点是对幼儿一日生活活动中表现出的情绪情感、兴趣爱好、态度倾向、意志品质、交往能力等进行客观评价，避免单一地以幼儿获得的知识技能多少作为评价的唯一标准。

总之，评价的内容在于客观地对幼儿一日生活中的情绪情感态度、兴趣爱好、交往能力、意志品质等方面进行观察和分析，不过分注重对幼儿知识技能的评价。

评价的过程应在自然放松的活动情境中进行，且应对幼儿展现出的多元智能进行观察、分析、记录和评价。在评价中，实习教师需注意承认和关注幼儿的个体差异，避免用划一的标准评价不同的幼儿，尤其是在幼儿面前慎用横向比较。

三、幼儿一日生活评价实习任务

（1）在日常生活学会观察游戏，学习运用多种评价方式评价幼儿。
（2）熟悉各环节中对幼儿的发展要求，学会对幼儿一日生活各环节进行评价。

四、任务完成情况（表5-2-1、表5-2-2）

表5-2-1　一日生活评价方式记录

评价方式	评价要点	评价记录
言语评价	□直接运用言语，就观察结果即兴、即时地对幼儿进行评价 □午餐过程中和午睡中避免使用消极评价	（何时何地对幼儿采用了何种评价方式，记录具体评价过程）
行为评价	□纪实性评价：对和幼儿谈话的过程进行文字记录或录音记录	
	□图案示意评价：以幼儿看得懂的图形，如星星的个数、笑脸的多少来记录，此方法的优势在于，幼儿在没有成人指导的情况下，仍能看得懂评价结果	
	□实物操作评价：选择一个适宜幼儿自主操作的区域或墙面，作为幼儿"自评栏"，在自评栏适当位置贴上幼儿的照片和名字卡片，每个幼儿可以对自己或者他人进行评价，评价的方式可以是星星、笑脸、小花等	

表5-2-2　一日生活各环节幼儿评价

评价对象：	性别：	实足年龄：	评价教师：	评价日期：
评价环节	评价内容			得分情况
入园	1. 晨间接待： （1）衣着整洁有序地入园 （2）和老师、小朋友见面问好，和家长礼貌告别 （3）自主签到，整理个人物品 （4）积极投入晨间活动			
	2. 晨间检查：配合晨检			
	3. 晨间谈话：谈话过程中主动回应，中大班幼儿愿意主动发起话题			
	4. 室内活动：自由选择桌面游戏，爱护玩具、友爱谦让、轻声交谈			

续表

评价环节	评价内容	得分情况
晨间户外活动	1. 和老师、同伴一起做户外游戏、自由活动等准备	
	2. 积极参与活动	
	3. 听从老师指导，在规定场地活动不乱跑、不乱叫，遵守纪律	
	4. 爱护公物	
	5. 对同伴友好谦让，相互合作、帮助	
早操	1. 听从指挥，有序进场，统一行动	
	2. 集中精神，动作规范，遵守活动常规，能达到锻炼身体的目的	
	3. 爱护公物，用完后放回原处，注意安全	
	4. 自主选择户外体育活动场地和器材，和同伴开展户外活动	
集体教育活动	1. 积极参与集体活动，主动思考、发言，专注投入	
	2. 遵守活动常规，能在集体活动中大胆发言，和同伴交流讨论，分享自己的想法	
	3. 养成动脑、动手和手脑并用的习惯	
过渡环节	1. 劳逸结合，注意休息	
	2. 积极参加游戏活动	
	3. 和其他小朋友友好相处，不吵架、不打架	
区域游戏活动	1. 能按自己意愿选择游戏，积极参与、专注投入	
	2. 同伴间能积极主动地交往、相互合作	
	3. 能遵守游戏规则，角色意识强	
	4. 能创造性地开展游戏，拓展游戏经验	
	5. 能正确使用、爱护、整理玩具材料	
生活活动	1. 盥洗： （1）自觉养成饭前便后要洗手、饭后漱口或刷牙的良好生活习惯 （2）用流动水盥洗，学会自己洗脸、洗手、漱口或刷牙，用自己的毛巾和其他卫生用品 （3）有序盥洗，节约用水，不玩水，保持衣物和地板清洁	
	2. 如厕：能在教师的提醒下自主如厕	
	3. 喝水： （1）自觉养成喝水的习惯 （2）用自己的水杯喝水，用完后放回原处 （3）不喝生水，节约用水	

续表

评价环节	评价内容	得分情况
生活活动	4. 进餐： （1）愉快、安静、文明地进餐，尝试自主进餐，根据自己的食量拿取适当的饭菜 （2）正确使用餐具，一手拿勺子或筷子，另一手扶住碗，喝汤时两手端着碗 （3）不挑食，不偏食，不暴食，珍惜粮食 （4）学会收拾碗筷，吃完后会用毛巾擦嘴。有良好的进餐习惯和正确的进餐姿势，送餐具轻拿轻放	
	5. 睡眠： （1）轻轻地走进宿舍，不打扰别人 （2）学会自己穿脱衣服、鞋袜等，摆放整齐 （3）能快速入睡，正确睡姿，不趴着睡、不蒙着头睡，不打扰他人 （4）醒来后心情愉快，学习自己穿衣、穿鞋，整理床铺等	
	6. 散步：能在教师的引导下有序地到户外散步，心情愉悦	
离园	1. 收拾学习用具、玩具等，做好离园准备	
	2. 能在自由游戏中安静等待家长 （疫情期间能在教师引导下有序排队等待家长）	
	3. 有礼貌地和老师、同伴再见	
	4. 不跟随陌生人离园	
特殊情况记录：		

备注：得分情况：完全未做到得1分，偶尔做到得2分，做得一般得3分，做得较好得4分，做得很棒得5分。

任务三　幼儿园班级常规管理实习

　　幼儿园班级，是幼儿园的基层组织和核心单位，是幼儿园实施保教任务的基本单位，整个幼儿园的工作都是通过各班级的工作来实现的，同时班级也是幼儿最亲近的环境和具体的生活、学习的场所。班级管理，包括班级常规的管理、班级物品的管理和家长工作的管理。

实习教师在班级常规管理实习中，主要学习如何通过计划、组织和行动，将班级的人、事和物充分利用、合理调配，顺利有序地完成工作任务，以达到教育、服务的最终目标。

一、班级常规管理实习工作的目的和意义

幼儿园中，教师一日活动的组织、幼儿日常行为习惯的养成都是依托班级这个载体进行的，班级常规管理的水平和成效直接影响幼儿园教育教学活动的质量，最终影响到幼儿的发展和健康成长。

班级常规管理的目的是为幼儿提供健康、丰富的生活和活动环境，满足其多方面发展的需要，使幼儿在幼儿园一日生活中获得有益于身心发展的体验。班级常规管理实习工作的目的，即学习班级常规管理策略，并运用到班级管理实践中，明确管理目标、优化管理办法，最终实现幼儿的全面发展和教师工作的协调有序进行。

对实习教师而言，班级常规管理实习工作的开展，有助于了解班级幼儿的基本情况，熟悉其行为特点，帮助幼儿形成良好的生活、行为与学习习惯，促进幼儿的生命安全和健康发展。实习教师在班级常规管理的实习工作中，锻炼对幼儿的管理能力、常规活动的组织协调能力以及与其他教师分工合作的技能，从而为独立开展班级工作奠定基础。

二、班级常规管理实习工作的内容及要求

班级常规管理，分为四个部分：幼儿管理、活动管理、班务计划和总结管理、教师分工合作管理。对幼儿的管理指对班级幼儿进行管理和看护，活动管理指一日生活各项常规活动（生活常规、教育教学、游戏活动、卫生保健）的管理，班务计划和总结管理指制订学期各阶段计划和各项总结的文案工作；和其他教师进行工作分工和合作也是常规管理的重要内容，常规工作的开展离不开班级教师的相互配合。

关于一日生活各项常规活动的管理，在任务二已经详细介绍，本任务将着重介绍其他三个部分的实习内容和要求。

幼儿管理部分，需要兼顾一般幼儿和特殊幼儿，在公平的基础上依据幼儿自身情况差异化教育，对待特殊儿童时，应特别注意保护儿童的自尊心和自信心，既不忽视其特殊情况，又不过分照顾，同时注意一些常规工作中对特殊幼儿的考虑。例如，班级开展的亲子活动，不必请求一定是父（母）亲参加，若一定需要父（母）亲参加，一定要事先与单亲家庭幼儿和家长沟通，避免孩子心理受到伤害；在班级管理工作中，留意体弱幼儿的身体状况、是否有过敏现象等；在对待特殊患病幼儿时，需要贯彻融合教育理念，不过分强调其特殊性，鼓励这类幼儿积极参与、集体合作。

班务计划和总结部分，实习教师需认真学习研究园级工作计划，根据幼儿园的整体部署细化和落实班级工作的人员、内容及时间的安排；学习根据工作任务需要和班级教师实际情况，组织并分配力量，明确分工；制订计划时，应认真分析本班幼儿的发展情况，并和班级其他教师共同参与讨论，发表意见和建议；计划一经制订后，要坚持贯彻执行。在执行过程中，实习教师或其他教师可根据实际情况进行补充、修订和完善。

教师分工与合作管理部分，实习教师要观察班级教师如何各司其职、履行职责的同时，围绕班级总体工作目标，密切配合、互补互助、通力合作，并学习如何配合班级教师和保育老师做好常规工作，共同完成工作任务。

三、班级常规管理实习任务

（1）熟悉幼儿的基本情况及性格特点，学习对不同幼儿进行管理。
（2）熟悉幼儿园的班务工作，学习制订班务计划和总结。
（3）在班级管理过程中学习与其他教师进行分工与合作。

四、任务完成情况（表5-3-1至表5-3-6）

表5-3-1　幼儿初印象

幼儿园：		班级：		实习教师：	日期：
姓名	昵称	性别	出生年月日	特点（长处、兴趣爱好）	备注（家庭特殊情况或特殊需求）

表5-3-2　不同幼儿管理记录

幼儿园：		班级：	实习教师：	日期：
对象		实习要点		特殊事件记录
一般幼儿	健康幼儿	1. 在尊重身心发展特点和一般规律的基础上，按一日活动计划和班级常规进行管理 2. 管理过程中注意发挥幼儿的主动性和创造性		
	普通患病幼儿	1. 一般不发烧的流感等小疾病提醒幼儿多饮水，做好与家长的药品交接工作 2. 影响幼儿正常入园的疾病，与家长沟通暂缓入园，在家休养		

续表

对象		实习要点	特殊事件记录
特殊幼儿	体弱幼儿	1. 对该类幼儿的特殊照料，春秋季节留意其衣物增减、进餐喝水问题 2. 进餐时，鼓励幼儿不挑食、细嚼慢咽 3. 鼓励体弱幼儿积极参加户外锻炼，增强体质 4. 班级经常开展健康教育，让幼儿学习卫生常识和营养知识	
	特殊患病幼儿	1. 加强对自闭症（孤独症）、多动症、肢体残障等病症的学习，了解特殊儿童病情和行为表现 2. 对该类幼儿给予更多耐心、细致关心和关怀，不孤立、不排斥、不放弃，宽容和接纳幼儿的异常行为 3. 尝试用各种方法转移和发泄幼儿的不良情绪 4. 鼓励其他幼儿共同关心和爱护他们	
	单亲幼儿	1. 在日常生活中观察幼儿情绪和行为，认真倾听、个别交流 2. 调查和分析不良行为产生的本质原因 3. 在生活中细致关心和帮助他们 4. 加强和家长的沟通	

观察班级一名需要帮助的幼儿，详细记录他在班级中活动和学习的表现，以及孩子存在的问题及原因，尝试采用可行的策略对他进行个性化教育。

幼儿基本情况：

行为特点：

问题及原因：

拟采用的策略：

表 5-3-3 幼儿挑战性行为及相应反应记录

幼儿园：	班级：	实习教师：	日期：
遇到的挑战性行为	我的反应		反思
举例：在组织数学活动时，大山说 3+3=6 这道算式不对，他指出 PPT 背景上还有一只蝴蝶，所以应该是 7 只	身体和思维同时僵硬，指导教师帮我救场说空中飞的只有 6 只，暂时化解了这份尴尬，使活动得以继续		（发生了什么？为什么发生？这意味着什么？未来我可以怎样做？）
在户外活动结束后，我带幼儿回到班里，让他们去小便、喝水，由于着急，我把"小便、喝水"说成了"小便、喝手"，引起幼儿哄笑、模仿	我温和地看着他们，让他们不要再笑了，但是收效甚微；有几名幼儿一直在笑，还很大声。我拍拍手说："刚刚老师太着急，说错话了，那你们现在能不能安静下来啊？"几名幼儿依然不停止，直到指导教师过来点了他们的名字，他们才安静下来		

表5-3-4 班级学期工作计划

| 幼儿园： | 班级： | 学期： |
| 制订者： | 制订时间： | 实施时间： |

项目	计划内容	工作要求
保育方面	1. 清洁与护理 （1）按照卫生要求，坚持做好本班各项清洁卫生、消毒工作，坚持周末清洁卫生大扫除 （2）加强进餐环节工作，坚持巡视幼儿进餐情况，指导帮助体弱幼儿的进餐 （3）严格执行各项安全制度，平时细心观察，消除各种事故隐患 2. 配合教学 （1）根据教学、游戏的需要与教师一道添置玩具、布置墙饰 （2）经常检查班级的材料配备，及时增添、维护 （3）配合教师在教学活动中指导幼儿、保护幼儿的安全 3. 物品保管 （1）经常清点本班的设备、教玩具，并登记造册。一旦遗失或损坏，应立即通知有关人员做相关处理 （2）负责保管幼儿的衣物、用品，防止遗失、混淆 （3）每天离园前检查水、电、门、窗，保证安全	1. 生活自理能力的培养。幼儿进入中班以后，教师应进一步培养幼儿的生活自理能力。要求幼儿能自己穿脱衣服并整齐摆放；起床后自己叠被子；自己整理书包；大便后学习擦屁股等 2. 良好生活习惯的养成。例如，安静进餐，尽量保持桌面的干净；良好的坐姿，不翘椅子；游戏后整齐地收放玩具等
教育方面	1. 认真制订各类计划，特别是每周的教学计划。分析班级幼儿的兴趣点和需要，组织幼儿喜爱的、有收获的主题活动 2. 根据主题进行班级环境布置，注重所设置区域和提供材料的教育意义 3. 创编适宜的、有趣的、幼儿喜爱的早操。重视早操中的游戏化、情境化、运动量和相互之间的合作与交流 4. 幼儿能力的培养。生活自理能力的培养，让孩子在吃、喝、拉、撒、睡、玩等方面的自理能力有所进步，使他们生活愉快；学习能力的培养，能认真倾听老师和他人讲话，能用较准确的语言表达意思；通过多样化的教学方式吸引孩子的注意力，养成良好的学习习惯 5. 继续加强幼儿游戏活动开展。游戏活动中提出要求，让幼儿养成良好的游戏习惯，爱玩具、爱朋友，和他人交换玩具轮流玩儿 6. 学习轻拿轻放物品，把物品放回原处 7. 定期召开班务会，统一一日生活各环节的要求，及时交流关于幼儿及家长的情况 8. 根据课程内容和儿童身体发展的需要，每天保证提供户外活动时间和教育措施 9. 收集废旧材料，根据孩子的发展有目的、有层次地投放各区角材料	1. 科学领域的话题活动。根据班级幼儿好奇、好问、爱观察、爱操作的特点，班级教学活动的侧重点在于开展科学领域的各类活动，旨在满足幼儿对一些动植物的认知；一些科学现象的观察和简单原理的理解；愿意通过操作去发现新问题等 2. 参考书中的教学活动。为了弥补"班级个性教学"中偏领域的现象，可以选择参考书中有趣的、适宜的其他领域活动（音乐活动、社会活动、健康活动等）开展 3. 阅读活动。开展阅读活动，边研究边实践，把梳理出来的有效的教学策略灵活地运用到日常的教学中，并仔细观察幼儿阅读兴趣、阅读能力和阅读方法等方面的变化

续表

项目	计划内容	工作要求
对教师的要求	1. 对本班幼儿进行细致观察，了解全班幼儿的身体状况、情绪变化，根据本班年龄段幼儿教育目标，制定合乎中班上期幼儿的学期发展目标 2. 根据目标和孩子的年龄特点，创设温馨、适宜的环境；编排、录制适合班级上学期孩子动作发展的早操 3. 加强学习，提高自身的职业责任感，形成沟通、愉快合作的良好局面 4. 自觉遵守幼儿园的规章制度 5. 注意语言、行为、举止对幼儿的影响 6. 在工作中应兢兢业业、任劳任怨，提高为家长和幼儿服务的意识，在早晚接送工作中以饱满的热情、积极的态度接待家长，维护幼儿园的整体形象和良好声誉 7. 认真参加政治、业务学习和业务练兵活动，积极参与环境创设、早操评赛和班级网站、公众号等评赛活动 8. 坚持做好每天的幼儿考勤、交接班工作、因病缺勤幼儿登记工作	
对待幼儿	1. 尊重幼儿。尊重幼儿的个性特点、兴趣爱好，不轻易指责幼儿 2. 鼓励幼儿。对每个幼儿的评价以积极鼓励为主，善于使用不同词汇表扬、鼓励幼儿 3. 平等对待幼儿。平等对待每一个幼儿。不歧视、不偏爱，允许幼儿之间存在差异 4. 善于用表情、动作与幼儿身体接触，稳定幼儿情绪 5. 保护幼儿。教师始终与幼儿在一起，各项活动中要考虑到各种保护幼儿的措施，保证幼儿的安全 6. 师生、家园建立良好感情，尽量让每个家长都信任老师，放心地将幼儿放到幼儿园生活	
安全工作	1. 强化安全意识，将安全工作落实到一日生活的各环节 2. 加强早晚使用接送卡接送幼儿工作，不得将儿童交给陌生人，防止错接 3. 随时清点人数，坚持每天检查幼儿是否带有异物入园	
家长工作	1. 在 × 月召开家委会 2. 预计将在 × 月组织周末亲子活动，加强教师、幼儿、家长之间的交流 3. 本学期对情况特殊的孩子进行家访，并做好记录 4. 及时更换家园联系栏、班级群内容，指导家长做好家庭教育，要求家园一致性教育	

根据幼儿园的课程和教学安排，尝试围绕以上工作内容制订一份班级的学期工作计划。

表 5-3-5　班级学期领域教育计划

幼儿园：	班级：	学期：
制订者：	制订时间：	实施时间：

幼儿发展状况分析：

领域	目标	内容（主题活动及其他内容）
健康		
语言		
社会		
科学		
艺术		
大型节日活动		
社会实践活动		

表 5-3-6　幼儿园一周课程计划的制订和审议

幼儿园：	班级：	日期：
本周课程计划		讨论要点

反思：

1. 实习班级的课程特点：

2. 课程设计适宜性：

3. 年龄经验适宜性：

4. 经验水平适宜性：

5. 课程资源利用情况：

任务四　班级物品管理实习

班级物品的管理，主要包括对班级物资财产、档案的管理。物资管理包括对生活、游戏、教学等方面所需物资的管理；财产管理包括对教师教学物品、幼儿生活物品、幼儿生活物品等的管理；档案管理包括教师档案和幼儿档案的管理。实习教师同样做到先观察，再逐步学会独立管理。

一、班级物品管理实习的目的和意义

学习如何执行幼儿园物资财产管理制度，对班级的物品进行管理，进行有序的物品归纳摆放和资料整理，有助于班级各项常规工作的顺利开展。

二、班级物品管理实习的内容和要求

班级物资财产一般由班主任教师总体负责，教师成员协助管理，明确分工。实习教师在实习期间同样协助管理班级物资财产。一般而言，保育教师主要负责管理幼儿生活物品和洗洁物品，其他教师负责管理教学物品和幼儿学习物品。

实习教师需了解实习幼儿园物资财产管理制度，学习拟定保育教育物品清单、领取学习和生活用品等工作流程；学习物品科学摆放方法；学习如何管理教师档案和幼儿档案。

实习教师应在平时的实习工作中，观察指导教师管理物品、准备、收集和整理教师档案和幼儿档案的管理办法，积累经验，用于日后的班级管理工作中。

三、班级物品管理实习任务

（1）熟悉幼儿园班级物品管理要点，协助教师做好班级物品管理。
（2）尝试制作档案袋，学习用档案袋记录幼儿的发展。

四、任务完成情况（表5-4-1）

表 5-4-1　班级物品管理实习要点

物品分类		具体物品	工作要点	摆放要点
班级物资	教师教学用品	1. 教师用书 2. 学习用具 3. 教具 4. 钢琴 5. 电视机 6. 录音机 7. 电脑 8. 投影仪 9. 录音笔等电教设备	1. 熟悉并执行幼儿园物资财产管理制度 2. 学期初配合幼儿园财产管理员对班级内物资财产登记造册和签名验收 3. 学期末配合管理员对财产进行清点确认和签字存档 4. 与班级教师共同商议制定本学期保育教育物品需求清单，报园长和财务管理园审批 5. 每月按需领取学习及生活用品，需购置新用品或急需物品时，向园长递交申请报告，审批后请后勤采购或自行购买	1. 分类摆放、专人保管 2. 摆放有固定地点和区域，便于寻找 3. 摆放目视化，一目了然 4. 摆放位置和高度恰到好处，便于成人和幼儿取放 5. 科学合理地设置区域空间，给幼儿创设整洁有序的班级环境
	幼儿学习用品	1. 玩具 2. 学具 3. 游戏材料等		
	幼儿生活用品	1. 小床 2. 被褥 3. 毛巾 4. 口杯等		

续表

物品分类		具体物品	工作要点	摆放要点
档案	教师档案	1. 教师工作计划 2. 各阶段计划 3. 备课本 4. 观察记录 5. 个案分析 6. 保育教育笔记 7. 家园联系本 8. 家访记录 9. 消毒记录 10. 幼儿出勤记录等	教师档案是教师保育教育工作的财富，也是考核教师工作实绩的依据，对档案材料需保管齐全，不得随便作废丢弃	6. 危险物品存放在柜子高处，以免发生危险事故 7. 幼儿带入园的玩具、零食、硬币等物品，教师一律收缴保管好放在专门的储物箱中，待其回家时归还，并交代家长和提醒幼儿以后尽量不带危险物品入园
	幼儿档案	1. 幼儿作品集 2. 素质报告单等	幼儿档案是对幼儿进行过程性评价和总结性评价的依据，对幼儿档案材料的整理和归类应在平时分散进行，每次活动后及时整理幼儿作品，分析评价后存档，幼儿素质报告单的管理应在平时的评价工作基础上进行	

实习生反思在管理幼儿园班级物品中的做法，总结物品管理的策略。

任务五　幼儿园家长工作实习

《幼儿园工作规程》明确指出："幼儿园应当主动与幼儿家庭沟通合作，为家长提供科学育儿宣传指导，帮助家长创设良好的家庭教育环境，共同担负教育幼儿的任务。""幼儿园应当建立幼儿园与家长联系的制度。幼儿园可采取多种形式，指导家长正确了解幼儿园保育和教育的内容、方法，定期召开家长会议，并接待家长的来访和咨询。"可见，幼儿园应该与家庭合作，建立与家庭之间的和谐关系，提供适应每个家庭需要的个性化指导方案，与家庭形成一个共同体，齐心协力为幼儿发展创造良好条件。因此，教师应"经常与家长保持联系，组织和指导家长工作"。作为实习生，在实习期间，应学习与不同的家长进行交流沟通，学会举办家园开放日活动，提升家长工作的专业水平。

一、幼儿园家长工作实习的目的和意义

与家长沟通，是班级管理中不可或缺的环节。沟通的目的在于宣传科学育儿理念，让家长

来成为班级管理的助推器；让家长对幼儿园工作放心，将幼儿的学习延伸到家庭中，化解家长的不良情绪和误会，最终目的在于家园合作共育，共同来促进幼儿的全面一致发展。

家庭是重要的合作伙伴，实习教师应遵循尊重、平等、合作的原则，争取家长的理解、支持和主动参与，并积极支持，帮助自身提高教育能力。在班级家长工作实习中，实习教师应学习如何在班级管理过程中获得家长的配合和支持，或者征求家长意见、让家长参与班级管理，以便家园合作，共同促进幼儿的发展和进步。

二、幼儿园家长工作实习的内容及要求

实习教师需要学习和不同类型的家长沟通、交流，以及学习组织各项家园合作活动。在家长工作方面，不同家庭在家庭情况、家长学历、教育观念、方法和具体教育措施等方面存在差异，加上实践经验的相对缺乏，实习教师在独立开展家长工作方面可能会面临一定程度的压力和挑战。但不管怎样，家园合作的最终目的是共同促进幼儿的发展，教师要努力建立起与每个家庭之间的和谐关系，丰富家园合作形式，与家长相互尊重理解、包容信任，让家长了解教师在教育方面的专业性，同时教师也在与家长的沟通中获得更多有用的教育信息。常见的家园合作方式有：面谈、家长会、家长委员会、家访、家长开放日（亲子活动）、班级网络平台等。实习教师应学习如何与家长面对面沟通；了解班级家委会的建设和工作制度、学习制订家委会工作计划；学习如何组织和开展家长会；应尽可能地参与家访工作，学习制订家访计划、资料准备、电话预约、实地家访等一系列工作流程和内容；学习组织家长开放日（亲子活动）；学会利用网络平台，向家长及时反馈和了解幼儿情况，做好班级管理和家园沟通工作。

三、家长工作实习任务

（1）尝试与班级某一位幼儿家长进行一次交流，记录交流的过程及效果。

（2）记录幼儿园举行的家长开放日活动，积极参与活动的组织，反思活动取得的成效及可能存在的问题。

（3）学习制订家长会计划，协助班级教师召开家长会。

四、任务完成情况（表5-5-1至表5-5-3）

表5-5-1 与家长个别交流记录

幼儿园：	班级：	交流日期：
幼儿：	幼儿家长：（爸爸/妈妈/爷爷/奶奶……）	
交流场景：		

续表

与家长个别交流环节	实习要点
1. 交流前做好准备工作	□确定交流主题，话题可以是孩子发展中突出的特点或存在的问题，也可以征询家长的需要。还可以根据家长流露出来的一些观点来确定话题。特别是发现家长对幼儿园或教师产生不满时，教师要主动与家长交流 □观察幼儿在园表现，学会描述孩子的具体行为，获得家长认同。充分了解孩子在某问题或某方面的具体表现，也可以运用让家长看视频或语言描述的方法 □交流时应先向家长介绍孩子在园情况，向家长了解孩子在家是否有类似事件或言行出现 □搜集策略，请教有经验的老师，学习与家长交流的策略和方法。向老师咨询家长的性格或行为特点，做到不卑不亢，面带微笑与之交流 □了解家长，尽可能多途径充分了解家长的个性、学历、工作、处事方式等，分析家长的想法，思考交流沟通的方式 □确定时间，向家长征询适合交流的时间，也可以选择几个时间段让家长自选。时间不少于半小时，保证交流的质量
2. 交流的实施	□直接挑明主题，不要拐弯抹角，提高交流的有效性。避免家长在与教师交流过程中游离主题。也可以事先准备一个话题内容，避免跑题，想好对策，使家长认可教师的专业水平 □先表扬孩子的优点或进步，不要先批评。避免家长产生抵触情绪，营造良好的交流氛围 □先描述与孩子相关的事件本身，不要先下结论。像讲故事一样讲述事件发生的时间、背景、过程，孩子当时的语言、动作、表情、体态，还可以模仿孩子的神态或语言，增加家长的现场感 □先征询家长的看法，不要急于表达自己的观点，比如"孩子出现这样的行为可能是什么原因呢？""他在家是否出现过类似情况？""如果遇到这样的情况你们是如何处理的？"尊重家长的想法，当家长主动向老师求教时，再提出自己的策略
3. 交流后的后续行动	□再次观察、反思家长们的教育行为有无改进或调整，孩子是否有变化 □对家长在交流中反映的问题进一步观察并给予反馈。让家长感受到教师对他看法的重视和责任心 □持续交流，让家长看到和感受到教师的真诚和爱心，采取多举例少讲理论的方法，促使家长理解教师，接纳教师处理问题的方法，愿意配合教师的教育
4. 与家长交流的注意问题	□实习生在尝试与家长交流前，应取得主班老师的支持，不要贸然与家长交流 □不要害怕和家长交流，只有在和家长面对面的实战交流中才能提高自信、积累交流技巧 □认真对待与家长临时性的交流，做一个有心人，时刻观察孩子的日常言行并记在心中，无论哪位家长，都能向家长具体描述孩子的情况和特点，使家长感受到自己孩子被关注

尝试与班级某一位幼儿家长进行一次交流，记录交流的过程及效果。

交流的话题：

交流的对象：

交流前的准备工作：

幼儿的问题描述：

续表

交流的过程：
交流后续：
对本次交流的反思：

表 5-5-2　参与家长开放日活动记录

幼儿园：　　　　　　班级：　　　　　　活动日期： 活动主题： 活动场所： 活动参与人员：	
家长开放日活动组织流程	实习要点
1. 活动前的准备	□积极参与活动前的计划制订，辅助教师确定活动目标、内容、形式、家长参与方式等，协助制订整体活动计划 □提前通知家长，给家长和孩子充足的准备时间。可以通过"给家长的一封信"的方式，将活动主题、要准备的物品、具体时间详细写明，让幼儿带回给家长。可以通过班级群或手机短信再次提醒家长 □与全体教师分工合作，参与各项准备工作。确定活动场地、预约场地，活动场景布置、相关海报与横幅制作，参与音响、照相、摄像等物质和设备准备以及活动器材的准备 □熟悉活动流程，明确责任，熟悉各项活动的注意事项、活动规则等，做好家长咨询 □设计家长签到表，了解孩子的家庭成员中每次都是谁来参加活动
2. 活动的组织与实施	□设计活动规则，行走线路，进出口位置，向家长交代开放日流程和各项活动规则，给家长一份安全提示，请家长自觉遵守，保证活动中的安全 □关注家长签到情况，及时与迟到的家长联系，确保活动准时进行 □在活动中始终保持冷静和微笑，做好主持或配合工作，尽可能让全体家长全程参与活动，增进家长与教师、家长与幼儿之间的感情 □做好活动中的材料整理和宣传，对活动画面、视频进行剪辑、整理等，做成展板展览，放在班级网站或幼儿园公众号，让家长加深记忆，为以后的活动积累经验

续表

记录幼儿园举行的家长开放日活动，积极参与活动的组织，反思活动取得的成效及可能存在的问题
家长开放日主题：   活动时间：×年×月×日，周×上午8：00—11：30   活动地点：   活动准备：   活动流程：   活动中的安全事项：   家长交流：   活动心得体会：

表 5-5-3　召开家长会工作计划

幼儿园：　　　　　　班级：　　　　　　家长会日期：
家长会主题：
活动场所：
活动参与人员：

阶段	准备工作
会前	1. 发信息和家长商定会议时间、时长，并确定地点 2. 整理好目标幼儿观察报告，确认跟家长分享的内容，做好充分解释信息的准备 3. 向指导教师非常详细地了解幼儿的家庭情况，将所了解的信息和家庭如何支持幼儿学习与发展的主旨联系起来，思考为家长提供哪些建议 4. 梳理好整个会议的流程，也可以和同伴角色扮演一下
会中	1. 开场白热情洋溢 2. 向家长展示对幼儿的观察和评价 3. 询问家长幼儿在家中的情况，对家长的困惑做出解释 4. 向家长提出对幼儿进一步发展的建议，表达对家园合作的期待 5. 结尾可将幼儿档案袋的复制品赠予家长，明确家长在孩子成长过程中是不可替代的
会后	对此次家长会进行反思： 1. 氛围积极融洽吗？用了什么办法让自己迅速进入状态？ 2. 程序有条不紊地进行吗？有什么意外吗？你是如何应对的？ 3. 你达成此次沟通的目标了吗？家长的反馈如何？ 4. 寻求指导教师的指导 5. 下次与家长交流可做哪些方面的改进？

记录幼儿园召开的一次家长会，反思家长会的效果。

模块六 幼儿园环境创设实习

幼儿园环境有广义和狭义之分，广义的幼儿园环境是指幼儿园教育赖以进行的一切条件的总和，它既包括幼儿园内部小环境，又包括与幼儿园教育相关的家庭、社会、自然和文化等大环境。狭义的幼儿园环境是指在幼儿园中对幼儿身心发展产生影响的一切物质与精神要素的总和，它是涵盖幼儿园的全体工作人员、幼儿、幼儿园设施设备、空间布局，以及各种信息要素，并通过一定的教育制度与观念以及文化传统所组织的、综合的一种动态的、有形与无形相结合的教育空间氛围。这里的幼儿园环境创设，指的创设狭义的幼儿园物质环境，包括幼儿园户外环境和室内环境。

任务一　幼儿园户外环境创设实习

幼儿园户外环境由主体建筑、园门、园区绿化、行政区、后勤区、活动室、户外活动场地（游乐设施区、体育活动区、戏水玩沙区、种植饲养区）等部分组成，不同的幼儿园户外环境的结构不同，空间布局也不同。

一、幼儿园户外环境创设实习的目的和意义

《幼儿园工作规程》中指出：幼儿园应当将环境作为重要的教育资源，合理利用室内外环境，创设开放的、多样的区域活动空间，提供适合幼儿年龄特点的丰富的玩具、操作材料和幼儿读物，支持幼儿自主选择和主动学习，激发幼儿学习的兴趣与探究的愿望。对于3～6岁幼儿来说，他们不像成人那样对于环境具有较完善的选择、适应、改造等能力，因此创设一个科学的幼儿园环境显得尤为重要。

户外环境创设实习的目的和意义，旨在帮助实习教师了解户外环境创设对于幼儿发展和教师工作的重要价值，了解幼儿园户外环境创设的主要内容。一般而言，实习生在幼儿园实习前，其户外环境的创设已相对稳定，因此户外环境创设实习重点在于观察和利用幼儿园的户外环境。

二、户外环境创设实习的内容和要求

由于户外环境相对于室内环境，具有稳定性，不常更替，因此实习生在实习期间只需要对现有的户外环境进行观察和熟悉，了解其空间布局、使用方法和注意要点，学习利用相关设施设备组织幼儿活动。如实习生实习期间，恰逢幼儿园进行户外环境创设，可抓住机会参与其中，将环境创设相关理论知识和实训技能运用于工作实践，协助幼儿园及其教师参与创设工作。

三、户外环境创设实习任务

（1）对幼儿园已有户外环境创设进行观察，熟悉布局。
（2）学习公共活动室、游乐设施区等设备器材的使用方法和活动组织策略。

四、任务完成情况（表6-1-1、表6-1-2）

表6-1-1　幼儿园户外环境观察记录表

幼儿园：		性质：	位置：
观察区域	具体名称	户外环境布置（画出或拍出布置效果图）	环境创设评价（分析设计的优缺点）
主体建筑、园门、园区绿化		（观察）	（从办园理念和特色、发展价值、教育功能等角度进行观察）
行政区、后勤区幼儿园活动室		（熟悉布局）	
公共活动室（保健室、家长接待室、烘焙坊、美工室、科学探索室、图书馆、博物馆等）		（熟悉布局，了解工作流程和使用情况）	
游乐设施区	（事例）户外大型组合玩具		优点：促进幼儿健康（攀登、钻爬、平衡、协调等）；社会性（轮流合作、等待协商、解决问题等）；学习品质（认真专注、敢于挑战和尝试、善于反思、调整计划等）方面的发展 缺点：部分边角防撞包边脱落，有安全隐患
体育活动区		（熟悉布局和使用方法）	
戏水玩沙区		（熟悉布局和使用方法）	
种植饲养区		（熟悉布局和使用方法）	

表 6-1-2　幼儿园户外活动安全问题观察

幼儿园：　　　　　　班级：　　　　　　记录者：		
安全问题	是（否）	备注
1. 大肌肉游戏空间整体来讲比较安全。比如，攀爬设备下面有足够的地垫；户外游戏区域有围栏		
2. 设备普遍维护良好		
3. 大肌肉活动的监督。比如，注意教师是否适当监督最危险的区域活动；幼儿是否有危险意识		
4. 对幼儿健康和安全有恰当的监督。比如，有足够的教师来看护幼儿；教师可以在监督所有区域的情况；教师会适时地走动；当发生问题时会介入		
5. 幼儿拿不到成人的工具。比如，种植区域的铲子		
6. 任何贴有"幼儿勿近"标签的物品都锁好了		
7. 没有尖锐的或危险的物体。比如，木梯上没有刺		
8. 过道或楼梯没有危险。比如，设有扶手，雨雪天气有防滑处理		
9. 幼儿无法私自走到外面的街道上		
10. 幼儿接触不到危险的垃圾		
11. 游戏材料不会太高或不固定		
12. 游戏材料没有卡住幼儿或凸出或夹手等安全隐患		
13. 电源插座上有安全盖		
14. 电线无松脱现象		
15. 没有幼儿可能拉下来的重物		
16. 药品、洗涤剂等都锁好了。比如，消毒水放在幼儿拿不到的地方		
17. 水温适中		
18. 地毯或垫子不易滑动		
19. 门口不设游戏区，避免拥堵碰撞		
20. 幼儿碰不到消毒柜或其他设施上的控制开关（教师看护下的操作活动除外）		

任务二　幼儿园室内环境创设实习

幼儿园的室内环境包括门厅、走廊、楼梯、班级教室，其中班级教室是幼儿主要生活和活动的场所，也是实习生需要着重观察学习和参与创设的重点区域。

一、室内环境创设实习目的和意义

幼儿园的室内环境是一种重要的资源,在促进幼儿认知、情感和社会性等能力的发展上有重要的教育价值,这也是幼儿园室内环境区别与其他非正规教育场所的重要特征,同时良好的幼儿园室内环境可以辅助教师的教育教学活动。

室内环境创设实习工作的目的和意义在于帮助实习生了解幼儿园室内环境创设的主要内容,学习将环境创设的理论知识和实训技能运用于幼儿园实习工作实践中,锻炼依据幼儿特点选设区域内容的能力、对活动室空间进行合理规划、合理布局、合理设计的能力以及依据现有条件,合理利用资源进行材料投放的能力。

二、室内环境创设实习内容和要求

幼儿园室内环境指班级及其周边环境,是幼儿教育环境最主要的组成部分,包括门厅、走廊、楼梯、班级教室等区域,其中班级教室的环境创设又分为墙面布置、游戏区域布置、教学区、生活区布置。该部分的环境创设是实习生的重点实习内容,在工作中实习生需要学习如何利用环境创设相关理论和实训知识,依据主题需求、幼儿年龄特点,协助班级教师创设环境,锻炼自身的实际操作能力。

三、室内环境创设实习任务

(1)观察门厅和走廊、楼梯、班级教室和生活区的环境创设。

(2)协助参与或独立进行班级整体或局部区域(美工区、建构区、语言区、科学区、益智区、角色扮演区)的环境创设。

(3)观察幼儿利用环境进行活动的情况,撰写观察记录,及时调整和更新墙饰、投放新的区域材料。

(4)学习制作主题墙。

四、任务完成情况(表6-2-1至表6-2-7)

表6-2-1 幼儿园室内环境创设观察记录

幼儿园: 班级: 观察日期:

观察区域	户外环境布置(画出或拍出布置效果图)	环境创设评价(分析设计的优缺点)
门厅和走廊	(观察门厅的物料摆放、走廊墙面、过道的利用情况)	(从办园理念和特色角度进行观察)

续表

观察区域	户外环境布置（画出或拍出布置效果图）	环境创设评价（分析设计的优缺点）
楼梯	（观察楼梯台阶、墙面、扶手等部分的环境创设）	
班级教室和生活区	（观察墙面、游戏区域、空间布局的环境创设）	

表 6-2-2　进区卡制作方案

幼儿园：　　　　　　班级：　　　　　　设计者： 所需材料：			
设计小样（照片）	制作过程	使用方案	设计说明
（区域人数标记牌）			（构思意图）
（选区标记牌）			
（个人标志卡）			

表 6-2-3 区域材料使用情况记录

幼儿园：　　　　　　　　　班级：　　　　　　　　实习教师：
观察区域：　　　　　　　　观察时间：

区域布置：（附各区域材料近景照片）

区域材料	使用情况	是否需要更替
	（详细记录使用者、使用方式和使用频率）	

拟投放的新材料：

投放的依据：

表 6-2-4　区域新材料投放前后使用情况观察表

幼儿园： 观察区域：	班级： 观察时间：	实习教师：	
新材料名称／投放区域	投放时间／观察时间	使用情况	调整策略
举例：毛根／美工区	2021.3.15 ／ 2021.3.16	非常关注，使用频率高，使用人数多；有创造性玩法；与旧材料相互配合	每周定期投放固定数量的毛根，持续关注幼儿表现

表 6-2-5　班级教室区域环境整体布局规划设计（调整）方案

幼儿园：　　　　　班级：　　　　　日期：　　　　　设计者：

画出原区域布局结构图，分析存在的问题。
如：

（原区域布局结构图：活动室入口在左下角；内部区域包括角色区（含娃娃家、美发店、超市，配有玩具架、纸箱）、建构区（配有玩具架、小柜）、益智区（含桌子）、美工区（含桌子、低书架、美工材料架、材料柜（美工）、画架）、图书区、小柜、储物柜（教师）、睡眠室、材料柜、玩具架、废、水槽、壁柜等）

拟调整后的布局结构图：

设计（调整）意图：

表6-2-6　某区域环境局部细节设计方案

幼儿园：		班级：	设计者：	时间：
区域：		区域所处位置：		
区域局部设计草图			需求（设备）材料	活动方案
设计意图：				

表6-2-7　主题墙制作方案

幼儿园：	班级：	设计者：	
所需材料：			
主题墙类型	设计草图（照片）	制作过程	设计说明
教室主题墙			
环境图示			
红花榜			
边饰			
其他			

模块七 —— 幼儿园游戏活动与教育活动实习

集体活动是教师有目的、有计划组织班级所有幼儿都参加的教育活动，集体活动最大的优点是高效率，促进幼儿系统学习，有利于师生和同伴之间的交流互动，让幼儿在相互启发、相互学习的过程中体验团体生活的乐趣。集体教育活动是幼儿园教育的基本组织形式。实习生应利用实习机会积极组织各领域集体教学活动，充分做好设计和准备工作，主动请教指导教师，多次试讲，力求在正式组织活动中能够达到良好效果。

游戏是幼儿感兴趣、自发自主的、注重过程的自娱活动，游戏对身体动作、认知能力、情绪情感、社会性等发展有着不可估量的价值。实习生在实习期间应主动观察幼儿在游戏中的表现，分析他们对游戏的兴趣，根据他们游戏的需求提供材料、给予支持，促进幼儿在游戏中成长。

任务一　幼儿园游戏活动实习

游戏是幼儿非常喜爱的活动形式之一，幼儿在游戏活动中思维意识较为活泼，接收知识信息的效果良好。游戏可以提高幼儿的社会性、思维想象能力和思维表达能力的发展。因此，游戏对于幼儿的学前教育具有重要作用。

通过游戏实习工作，实习生可以明确游戏对幼儿发展的价值，全面了解幼儿园的各类游戏特点，能运用相关理论分析幼儿游戏中的各种现象和问题，能学会设计和组织各类游戏活动，更好地促进幼儿的发展。

游戏实习工作的目的主要有以下四点：

（1）能理解《幼儿园教育指导纲要（试行）》指出的幼儿园"以游戏为基本活动"的教育原则。

（2）能根据幼儿游戏活动，创设幼儿园游戏环境。

（3）熟悉各类游戏的特点，学会设计和组织幼儿园游戏活动。

（4）能对幼儿游戏活动的组织进行分析和反思，更好地实现幼儿游戏活动的价值。

一、幼儿园游戏活动的类型与记录

（一）角色游戏

角色游戏是幼儿通过扮演角色，通过模仿、想象，创造性地反映现实生活的一种游戏。其中扮演的是熟悉的、了解的角色；模仿的主要对象是教师、父母、伙伴等。它强调游戏中自主性、主动性、创造性的发挥，具有以下几个特点。

1. 扮演角色的多样性

幼儿扮演角色的性质是多样的，可包括机能性角色、互补性角色和想象性角色三种。其中机能性角色是指通过模仿范例的一两个最有特色的典型角色动作，来标志所模仿的对象，例如：医生——使用听诊器、注射器；司机——转动方向盘等。互补性角色是指以角色关系中另一方的存在为条件的角色扮演，例如：妈妈和孩子，医生和患者，在幼儿园的角色游戏中，幼儿往往喜欢占主动地位，通常喜欢选择母子中的母亲，医患中的医生。想象性角色是指在现实生活中不存在，主要来源于童话故事、电视等，例如《喜羊羊与灰太狼》中的喜羊羊、《小猪佩奇》中的佩奇等。

2. 游戏过程中的假想性

一是游戏中物品的假想性。儿童在游戏过程中经常会假想某些物品的存在，或把现有物品假想成另一种物品。例如：把石头假想成鸡蛋、把瓶盖假想成锅。但是受具体形象思维的影响，儿童对于物品的假想局限于"以物代物"，也就是说，他们所想象的物品都在外形上有一定的相似性。二是游戏过程中游戏动作和情景的假想性。儿童在游戏中不是单纯地玩玩具，而是通过玩玩具的过程和动作来表现假想的游戏情节，例如：医生看病、司机送货、做饭、去公园玩、买东西等。

3. 游戏规则的内隐性

在游戏活动当中，规则是正常进行的前提。但在角色游戏中，游戏规则包含在每个角色中，是内隐的。即正确表现现实生活中的每个角色应有的动作、语态、互动关系，就是角色游戏的规则。例如：每个儿童都知道医生打针前要先消毒，那游戏规则就不言而喻了。

实习生的任务就是要熟悉不同年龄阶段幼儿角色游戏的水平和特点，记录幼儿在角色游戏中的表现，并提出合理化建议。幼儿角色游戏发展水平评定表如表7-1-1所示。

表7-1-1　幼儿角色游戏发展水平评定表

幼儿园：		班级：		观察日期：
观察对象：		性别：		实足年龄：
观察情境描述：				

项目	游戏水平	幼儿表现及水平评定
1. 目的性	水平一：无目的性游戏 水平二：有时会更换目的 水平三：事先能想好目的 水平四：有目的地持续玩	
2. 主动性	水平一：不参与游戏 水平二：能参加现成的游戏 水平三：在别人的带领下参与游戏 水平四：主动参与游戏	
3. 担任角色	水平一：不明确角色 水平二：能明确角色 水平三：能主动地担任角色 水平四：能担任主要角色	
4. 遵守职责	水平一：不按角色职责行动 水平二：有时能按角色职责行动 水平三：基本能按角色职责行动 水平四：一直按角色职责行动	
5. 角色表现形式	水平一：重复个别活动 水平二：各个动作间有些联系 水平三：有一系列有联系的动作 水平四：能够创造性地游戏	

续表

项目	游戏水平	幼儿表现及水平评定
6. 角色间关系	水平一：独自地玩，与别人没联系 水平二：与别人偶尔有联系 水平三：在启发下与别人保持联系 水平四：明确角色关系并配合行动	
7. 对游戏材料的使用	水平一：凭兴趣使用 水平二：按角色需要使用 水平三：创造性地使用 水平四：为游戏自己设计制作玩具	
8. 游戏的组织能力	水平一：无组织能力 水平二：基本上会商量地分配角色 水平三：能出主意使游戏进行下去 水平四：领别人玩，教别人玩	
9. 持续时间	水平一：坚持不到 10 分钟 水平二：能玩 10～20 分钟 水平三：能认真玩 20～30 分钟 水平四：坚持玩到游戏结束，40 分钟左右	

选取一名幼儿，观察他在角色游戏中的表现并进行描述性记录，结合以上指标对其角色游戏水平进行评定，提出合理建议。

（二）表演游戏

表演游戏是指儿童按照童话或故事中的情节扮演某一角色，再现文化作品的内容的一种游戏形式。它以儿童自主、独立地对作品的理解去展开游戏情节，主要可包括自身表演、桌面表演、木偶表演、影子戏表演、舞台区表演。表演游戏具有以下两个特点：

（1）表演游戏是幼儿的一种艺术表演活动。表演游戏和角色游戏很相似，都是通过模仿和想象扮演角色。但角色游戏中的角色具有社会性，儿童以自己的生活经验为情节自由开展游戏；而表演游戏的角色却具有艺术性，要按照文学作品中情节的发展顺序和结构展开游戏。在表演游戏中，儿童需要运用一定的表演技能，同时，游戏的主要角色、情节、道具和服装均有明显的戏剧成分，因此表演游戏是幼儿的一种艺术表演活动。

（2）表演游戏是幼儿创造性的自娱活动。表演游戏都是幼儿自主开展的一种游戏，幼儿可以灵活增减人物、情节，自由改变语言、动作，来反映他对表演作品的理解和创造性表现。幼儿通过表演游戏，模仿文学作品中的人物形象，体验人物情感，追寻自身游戏的快乐。表演游戏中，幼儿是因为表演游戏好玩才去表演的，而不是为了表演而表演。换句话说，表演游戏虽说有表演，但在本质上仍是游戏，幼儿关注的是游戏过程本身，关注的是游戏所带来的情感体验。即使没有人观看，幼儿也会自娱自乐地表演下去，而不会过多关注他人是否"欣赏"。因此，表演游戏是幼儿一种创造性的自娱自乐的活动。

幼儿园表演游戏观察记录如表7-1-2所示。

表7-1-2　幼儿园表演游戏观察记录

幼儿园：	所在班级：	观察对象：	观察日期：	观察者：
游戏名称：				
游戏场地：				
游戏器材：				
观察要点		游戏过程记录		
□游戏材料和环境符合表演（角色）的需求 □幼儿对所表演内容和形式感兴趣 □幼儿了解自己所表演的内容，并能很好地完成简单的游戏任务				
记录一次幼儿园表演游戏活动的目的、规则和幼儿的表现，分析表演游戏对幼儿发展的价值。				

（三）建构游戏

建构游戏是指儿童操作各种结构材料，来构造物体的一种游戏。建构游戏的材料包括：积木、胶粒、花片等专门的结构材料；沙、石、水、土等自然的结构材料；瓶子、纸盒等废旧物品和半成品的结构材料。建构游戏的种类多样，根据使用材料和结构的形式，可以将建构游戏分为七大类：积木建筑游戏、积塑构造游戏、积竹游戏、金属建构游戏、拼图游戏、穿珠串线建构游戏、玩沙玩水等。建构游戏既是一种创造性游戏活动，也是一种造型艺术活动。

1. 创造性活动

建构游戏又称"建筑"游戏，是创造性游戏的一种。在建构游戏中，幼儿利用各种不同结构材料和与结构活动有关的各种动作来反映周围生活，通过想象和手的造型活动构造建筑工程物体的形象。幼儿在堆砌、排列和组合的活动中，认识各种材料的性能，区别形体，学习空间关系知识和整体、部分的概念，发展感知觉、目测力、操作能力及创造性。多变性与多样性的特点使建构游戏具有丰富的表现力，为幼儿提供了创造想象的广阔天地。因此，建构游戏也是一种创造性活动。

2. 造型艺术活动

建构游戏也是一种造型艺术活动。幼儿在建构游戏过程中运用各种艺术表现手法，将分散的结构材料组合为一个有机的艺术形象，创造美的空间结构形式。因此，幼儿建构游戏是造型艺术活动与游戏的联合体，突出艺术与游戏的综合特征，幼儿在游戏中运用结构材料进行艺术创作，是一种立体艺术创作游戏。

幼儿园开展的建构游戏按所在游戏空间不同，可分为三种类型：班级建构区游戏、工作坊建构游戏和户外大型建构游戏。实习生在实习过程中，可重点关注不同年龄段幼儿的建构游戏应达成的目标与材料的适宜性，游戏环境的构建，时间、场地的安排以及幼儿的表现，表7-1-3可以作为幼儿园建构游戏观察记录，方便教师观察幼儿园建构游戏开展情况。

表7-1-3　幼儿园建构游戏观察记录

建构游戏类型	开展时间	场地	单次时间	每周次数	参与幼儿
举例：班级建构区游戏	班级区域游戏时间	班级教室	30～40分钟	每周3次以上	全园幼儿
工作坊建构游戏	每周一、三下午	专用教室	45分钟	2次	中大班幼儿
户外建构游戏	每周二、四上午	幼儿园大操场	50分钟	2次	小中大班幼儿混龄
记录一次建构游戏过程中幼儿的表现以及教师的指导。					

（四）规则游戏

规则游戏是由成人选编的以规则为中心的游戏，包括体育游戏、智力游戏和音乐游戏。规则游戏的结构比较复杂，一般是由游戏的任务和目的、游戏玩法、游戏规则和游戏结果构成。它们互相影响，缺一不可，缺少任何一个都不能形成规则游戏。

1. 游戏的任务和目的

规则游戏有较明确的任务，是指游戏时对儿童提出的要求要便于理解和实现，直接指向游戏的过程。一般游戏名称就可以明确体现游戏的任务，如"拔萝卜""抢占地形"。游戏的目的是指成人通过游戏想达到的某些教育方面的要求，由教师在选编游戏时根据教育要求和游戏的类型而确定。

2. 游戏玩法

游戏玩法也可称为游戏的全过程，是对游戏的计划和构思。游戏的玩法包括游戏中用了什么材料，做什么动作等，游戏玩法可由教师和幼儿共同制定，也可由教师充分了解幼儿的兴趣和意见后制定。例如：游戏"欢乐城市"的角色分配为司机、警察、售票员和乘客。其中司机负责开车、警察负责指挥交通和掌控红绿灯、售票员负责售票和为乘客报游览地名。乘客每去过一处风景地后，在风景地旁贴小贴花做标记。司机、警察、售票员、乘客的角色幼儿可以互换表演。

3. 游戏规则

规则游戏的规则是约定俗成的，是由成人事先拟定的，每个游戏都有对应的规则，规定游戏动作的顺序和方式。主要包括角色行为规则、内容与玩法规则、竞赛性规则。规则在游戏中可以组织儿童参与活动，约束与调整儿童的游戏行为及相互关系，也为后续评价游戏的行为提供了一定的标准。例如，游戏"我是小司机"的规则为：警察作总指挥，小司机每人各拿一色棋子，警察指挥小司机轮流投掷骰子，按骰子所指的点数前进。小司机行进时，遇到警察举出相应的交通标志，答对后按照规则向前走。如果到终点的最后一次投掷点数超过所剩格数，则需后退多余点数，直至到达终点，先到终点者获胜。

4. 游戏结果

规则游戏都有一定的结果，它可以让儿童获得成功感和满足感，游戏的结果是教师事先能预料的，可以帮助教师了解儿童的发展水平，更重要的是使儿童获得快乐和满足。幼儿园规则游戏观察记录如表7-1-4所示。

表7-1-4 幼儿园规则游戏观察记录

幼儿园：	所在班级：	观察对象：	观察日期：	观察者：

游戏名称：
游戏场地：
游戏器材：

项目	观察要点	游戏过程记录
1. 游戏玩法	□游戏材料丰富多样，符合幼儿年龄特征 □游戏动作安全，且便于幼儿理解 □玩法由教师和幼儿共同商议或充分尊重幼儿意见后制定	
2. 游戏规则	□游戏方法适合幼儿年龄特征和认知特点 □具有趣味性和刺激性 □规则清晰易懂	
3. 游戏指导	□用简明生动的语言和适当示范，将游戏的目的、要求、玩法和规则介绍给幼儿 □难度较大的游戏可分步练习，分阶段练习 □督促幼儿遵守游戏规则	

记录一次幼儿园规则游戏活动的目的、规则、玩法和幼儿的表现，分析规则游戏对幼儿发展的价值。

二、幼儿园游戏活动实习的要求

（一）具备组织游戏的能力

1. 设置游戏环境，丰富幼儿游戏经验的能力

首先，要为幼儿设置丰富的游戏环境。所谓丰富的游戏环境一方面是指足够的游戏场地和空间，有多样性的可变化的游戏材料，有充足的游戏时间以及多样性的游戏同伴等，这是开展游戏所必须的条件。另一方面是指游戏环境要具有刺激性，不光在数量上能满足幼儿的需要，在质量上也要满足儿童不断变化的需求。它既是幼儿熟悉的环境，又是能引起幼儿主动积极地探索的环境，只有丰富多彩的环境才能刺激幼儿去发现问题、解决问题，激发他们从游戏中获得有益的知识经验。

其次，要为幼儿设置有计划的游戏环境。要让游戏发挥其应有的教育作用，应有计划地去设置游戏环境，主要体现在目标的计划性和年龄层次的计划性两个方面。目标的计划性是指可以根据幼儿的兴趣爱好，把教育目的有计划地渗透到游戏环境的创设上。年龄层次的计划性体现在为大、中、小班的孩子设置游戏环境上，应体现出年龄要求的层次性，即小班要求简单、相似的主题区域和种类少、数量多的玩具材料；中班则要求较丰富的游戏区域和种类多、数量多的玩具材料；而大班则要求以幼儿逐渐发展的认知能力和社交能力相符合，对玩具材料的可变性要求较高，要提供种类多、数量相对少的玩具材料。

最后，要为幼儿设置合理的游戏环境。游戏环境的合理性表现在游戏环境是开放的、互动的、符合幼儿年龄特点的。在这种游戏环境中，幼儿可以自由支配游戏的时间和空间，可以随意取放和共享游戏材料，幼儿之间的同伴关系是平等的、互动的。幼儿在与开放性游戏环境进行互动的过程中，有助于增强自主意识，萌发自主想法，从而促进幼儿自主性的发展。

2. 观察记录和分析幼儿言行的能力

实施教育，观察先行。观察是指导幼儿游戏的基础、前提和保证，具有十分重要的意义。通过观察幼儿的游戏，教师可以评价一个儿童的分类能力、动手能力、社交能力、解决问题的能力等，还可以了解到幼儿人格和社会化的发展。所以说，观察游戏是了解幼儿的有效途径。除此之外，观察也是有效指导游戏的前提，是正确评价游戏的保证，也是制订下次游戏计划的依据。对游戏的观察与记录主要有以下三种方法：

（1）定点法，顾名思义，观察者固定在游戏的某一地点进行观察，只要来此地点的幼儿都是他的观察对象。这种方法适用于任何主题或游戏，可以用来了解游戏情节的发展、幼儿已有经验、使用材料以及在游戏过程中的种种表现。记录的方式通常采用实况详录法和事件取样法。

（2）追踪法，即定人不定点法。观察者需要事先确定哪个幼儿作为固定的观察对象，被观察的幼儿走到哪里，观察者就追踪到哪里。追踪法适用于了解个别幼儿在游戏全过程的情况，分析其游戏经验和水平，可用实况详录法进行记录。

（3）扫描法，是指对班里的全体幼儿平均分配时间，在相等的时间里对每个幼儿轮流进行扫描观察，一般用在游戏开始和结束时。这种方法适用于了解全体幼儿的游戏情况和发展水平，通常用提前设计好的观察表格的形式进行记录。班里幼儿对某种材料的喜欢程度的观察记录如表7-1-5所示。

表 7-1-5　室内或户外游戏定人观察记录

观察对象：　　　　性别：　　　年龄：　　　观察日期：　　　观察者：	
观察开始时间：　　结束时间：	评价指标参照及观察分析
所在游戏区域整体环境描述： 同伴及成人：	
幼儿游戏行动轨迹图： 实况详录片段 1： 实况详录片段 2： 实况详录片段 3：	评价指标参照： 1. （a）有兴趣的　（b）一般的　（c）犹豫的 2. （a）有计划的　（b）一般的　（c）随意的 3. （a）自信的　　（b）一般的　（c）胆怯的 4. （a）创造性的　（b）一般的　（c）模仿的 5. （a）专注的　　（b）一般的　（c）易分散的 6. （a）进取的　　（b）一般的　（c）退缩的 7. （a）有活力的　（b）一般的　（c）迟缓的 8. （a）乐意与同伴互动　　（b）一般的 　（c）排斥的 9. （a）乐意与成人互动　　（b）一般的 　（c）回避的 10. （a）敏锐的　（b）一般的　（c）迟钝的 11. （a）健谈的　（b）一般的　（c）沉默的 12. （a）权威的　（b）一般的　（c）服从的
对该幼儿游戏行为的总体评价及分析：	
教育建议：	

3. 组织与指导幼儿游戏的能力

（1）语言指导法，主要可包括询问式语言、建议式语言、鼓励式语言、邀请式语言和指令式语言。

询问式语言：目的是为了帮幼儿将游戏进行下去，根据游戏开展的情节，觉得幼儿需要帮助或指导时，有目的地设置问题情景、提出问题，启发幼儿的思维，培养幼儿多视角、全方位看待问题的能力。例如："玩具这么多你拿不了怎么办呢？"（帮助幼儿思考找出解决方案）、"你什么时候给你的病人开药呢？"（提醒幼儿明确自己的角色）等。

建议式语言：教师在观察过程中发现幼儿需要帮助或遇到困难停滞不前时，可以用建议的方式："这样试试……""有没有其他办法呢？"等达到指导的目的。例如：当幼儿因分配角色意见不一致时，教师可以建议说："我觉得故事中的××角色很可爱，谁愿意尝试这个角色呀？"

鼓励式语言：鼓励式的表扬促进幼儿良好的行为习惯和规则意识的养成，也有利于增强幼儿的自信心。例如，在建构游戏中，幼儿充分发挥自主性，自己动脑思考创造出多种多样的造型时，教师可以说："你能够用纸杯当桥墩，让桥墩又高又稳，你真是太有办法了！"

邀请式语言：对于性格孤僻或腼腆的幼儿，教师可以用邀请的方式："我们一起去吧。""你可以来帮助我吗？"等语言，提高幼儿的游戏参与度，带领他们进入游戏情景，促进与其他幼儿的交往，体验到游戏的快乐。

指令式语言：目的是当发现幼儿严重违反规则或出现攻击性行为时，教师可明确告诉幼儿"不许这样""你不可以打小朋友"等，讲明道理，约束幼儿的不良行为。

（2）参与指导法，教师可以以游戏者的身份，以"平行式介入"或"交叉式介入"的方法参与到游戏中，从而对其进行相应的指导。若出现如下情况教师应当适时介入幼儿的游戏：当幼儿并不投入自己所安排的想象或虚构的游戏时；当幼儿产生难以与其他同伴一起相处的游戏时；当幼儿进行想象或虚构游戏时，想一再重复自己玩过的情节，或是将游戏延续下去有困难时。

（3）总结指导法，幼儿的游戏经验需要整理。每个幼儿都是以良好的状态自由、愉快地再现他的经验的，而这些经验在现实生活中或许还没有机会表现出来，因此，让幼儿通过讲出自己的体验，引导幼儿进行讨论，这是师幼、幼儿之间相互学习的过程。

幼儿的游戏经验需要提升。幼儿在进行游戏时，不仅要知道"是什么"，还应该明白"为什么""怎么办"。幼儿在游戏中发生冲突或者出现问题时，并不能意识到是什么原因，这时候教师的总结指导就要帮助幼儿学会发现自己与其他人的不同，学习不同的解决问题的方法和态度。丰富已有经验的同时，也发展幼儿的实际能力。

幼儿的游戏经验需要分享。游戏活动是幼儿之间相互学习的最佳时机，教师在指导时要善于让幼儿学习分享彼此的经验，向老师、同伴学习。游戏结束后的讨论、对话就是一个让幼儿分享经验的机会，对于共同的问题可启发幼儿思考，共同寻求解决方法，也可以达到教学活动与游戏相融合的效果。

总的来说，教师在每次游戏结束后的指导是非常重要的，不仅可以引导幼儿抒发游戏中的情绪体验，更重要的是可以帮助幼儿在相互学习中使自己所获得的零散经验系统化，并建构新的经验和知识。

4. 评价和调整游戏活动的能力

教师对游戏的调整和评价具有十分关键的作用，对幼儿各方面的发展也具有积极的意义。

首先，教师可以通过评价游戏的方式，自然地参与到幼儿的游戏中，通过引导、鼓励、激励、认可等方式回应幼儿的游戏行为。对幼儿来说，一方面使幼儿的游戏行为得到认可或帮助，另一方面幼儿的情感需求也能得到一定程度的满足。对教师来说，教师可以借此了解幼儿游戏的具体情况，游戏设置、材料配备是否适宜，游戏过程中可能有什么隐患、幼儿的游戏水平，以及游戏中存在的问题等，了解当前的游戏形势，也为下一次游戏的开展积累经验。

其次，教师在评价游戏的过程，是一个传递价值观念的过程，是一个塑造幼儿行为的过程。它告诉幼儿什么行为是有价值的、受老师喜爱的，而什么行为则是不被允许的、教师不喜欢的。因此，在评价的过程中，教师可以具体塑造出一个听话、受老师喜爱的游戏形象，引导幼儿塑造出正确、积极、理想状态的行为。

教师的评价行为是教师在观察了解的基础上，对幼儿的游戏内容、技能水平、态度、情感等用言语或非言语的方式做出具体的判断，是教师关注幼儿游戏的表现。同时教师在游戏过程中对于不合适、不恰当的环节或冲突随时进行调整，对幼儿来说是其提升游戏水平的支架，是丰富幼儿游戏，发掘游戏教育价值的重要手段。

（二）组织游戏的注意事项

1. 组织游戏要体现适宜性

在组织游戏的过程中，要时刻体现适宜性，也就是要时刻遵循幼儿的身心发展规律、兴趣爱好和幼儿的需求，探寻适合幼儿的游戏形式和内容，时刻根据幼儿的发展需要调整游戏的环节和内容，选择幼儿喜欢的游戏，避免出现过于成人化、难以理解、过于复杂的游戏。

2. 组织游戏要注重合理性

在组织游戏的过程中，要时刻注重合理性，其中包括游戏时间的合理性、游戏场地的合理性、游戏材料的合理性。在设计和组织游戏时间时，要充分考虑到幼儿的发展水平和年龄特点，过长的游戏时间会失去游戏兴趣，专注力下降；过短的游戏时间会导致幼儿无法进入深度的游戏状态，就无法发挥游戏应有的教育价值。

在选择游戏场地时，要考虑到幼儿的基本需求和游戏主题。例如，选择室外还是室内；建构区最多容纳5个人的空间大小；阅读区要选择沙发、坐垫等温暖舒适的东西，远离吵闹的环境；户外沙水区要求沙子的深度40厘米以上；户外体育游戏需要提供不同材质的场地，如草地、砖块地、土地、橡胶地、水泥地面等，让幼儿获得不同的感受。

在选择玩具材料时，不仅要注重合理性，同时也要注重玩具材料的教育性、多样性、可操作性等。

3. 组织游戏要关注安全性

安全是其他教学活动实施的基础，也是最重要的部分，确保了幼儿的安全，才能进行下一步活动的组织与实施。由于幼儿的安全意识较弱，对于危险的辨别能力较低，在游戏过程中容易发生意外的安全事故，不小心打闹、追逐、磕碰的现象也频频发生，这就需要教师在进行游戏时将安全放在第一位，做好各方面的安全保障工作，要确保游戏材料其本身材质的安全性，选用较大颗粒的材料，避免幼儿吞咽，还要确保幼儿游戏场地、游戏过程、游戏形式的安全性。

三、组织游戏活动的步骤及策略

（一）确定游戏主题

幼儿园游戏活动的主题受多方面的条件影响。例如，主题与幼儿日常生活的联系、与教学活动的整合以及符合幼儿的兴趣和需要等。

1. 与日常生活的联系

游戏的内容与日常生活息息相关，幼儿游戏的经验大多来自于日常的生活经验，因此在确定游戏主题时，首先要考虑与日常生活的联系，所选主题要贴近幼儿的生活，符合幼儿的生活实际经验。

> **案例**
>
> 国庆节临近，教师交代幼儿假期外出游玩时要注意观察，回来后告诉老师去了哪里，觉得哪个地方最好玩。国庆节后教师利用晨间、午间、自由活动、离园活动等时间与幼儿个别交谈并记录，然后进行统计，让幼儿选择自己最想建构的主题。选择去公园的为23人，7人去西湖游玩，4人到海边游玩，7人登山，于是"公园"主题的建构游戏产生了。

2. 与教学活动的整合

游戏活动与教学活动的关系应该是你中有我、我中有你、相辅相成的。在确定游戏主题时，自然不能脱离教学活动，要与教学活动相匹配相呼应；在教学活动过程中，可以将游戏化理念与策略引入到课堂上。由教师基于教学活动的内容、目标，科学设计游戏形式、方法与过程。集体教学活动中的游戏形式多样，有竞赛游戏、表演游戏、你演我猜游戏、动手操作游戏、绘画联想表达游戏、儿歌接龙游戏等多种游戏形式，教师基于教学内容与目标恰当选择，有助于促进幼儿的健康成长。

> **案例**
>
> 在对故事《长尾猴过夏天》科学领域的教学时，教师引入了角色表演、续编故事、"连连看"竞赛游戏活动。教师与幼儿一起通过欣赏图片、聆听音频的方式，分享了整个故事。教师进一步地让幼儿分角色扮演其中的动物。幼儿参与角色表演，模拟这些动物们的动作，并惟妙惟肖地互动、对话，梳理故事内容，表达它们不同的过夏天的方式。教师进一步设计了续编故事的游戏，"还有哪些动物，它们又是怎样过夏天的呢？"幼儿们根据自己的生活经验及认知基础，展开了想象、表达、续编故事的过程，并进一步参与到"连连看"游戏中。

3. 符合幼儿的兴趣和需要

在游戏时教师常常通过语言诱导、角色扮演等方法试图调动幼儿的积极性，但效果不佳，都无法激发幼儿真正的兴趣，因此，游戏的主题内容"投其所好"才能从根源解决问题。

在幼儿自己的游戏中，他们的需要和兴趣都变得真实，其游戏水平和真实水平也得以自然流露，只有放手，把游戏还给幼儿，他们才愿意并且非常积极地全身心投入到游戏中，这时，游戏已成为幼儿学习的内容，成为幼儿表达自我的方式。

> **案例**
>
> "小猪变干净了"是小班表演游戏中的传统节目，故事情节简单，内容贴近幼儿的生活，对话重复性强、语言朗朗上口，因此，很适合小班幼儿进行表演。小朋友们非常喜欢这个故事，基于孩子们的喜爱，教师们决定开展"小猪变干净了"的表演游戏。由于该故事原有的角色比较少，在和小朋友讨论之后，在原有角色的基础上增加了两个幼儿比较喜欢的角色——小鸭和小猫。

（二）选择游戏内容

首先，游戏的内容源于孩子的生活，应符合本班孩子的年龄特点，并把有关主题的学习内容游戏化。例如，在开展"交通工具总动员"主题游戏活动时，由于班上男孩子多，"陆地上的汽车，海洋里的轮船，天空中的飞机"等交通工具对幼儿具有很强的吸引力。

其次，要考虑到幼儿的前期经验。例如："我是汽车小司机"这个游戏，孩子们上一个游戏的主题是"爱我江苏"，对于江苏的一些旅游景点及一些风景区的地名，孩子们都很熟悉，于是可以让每一位幼儿都学会报站名，如南京总统府、中山陵、苏州寒山寺、无锡拈花湾、常州恐龙园等。每个孩子都要明确每个区域的角色分配和角色任务。角色共分为"司机、警察、售票员、乘客"。"司机"负责开车、"警察"负责指挥交通和掌控红绿灯、"售票员"负责售票和为乘客报游览地名。"乘客"每去过一处风景地后，就在风景地旁贴小贴花做标记。

最后，还要照顾到每一个幼儿的个体差异。同一个班级的幼儿由于种种原因，发展水平都略有不同。在选择游戏内容时，不仅要考虑对应年龄段幼儿的发展水平，还要照顾到班里个别发展迟缓或发展突出的幼儿，避免出现过易或过难的情况。

（三）做好游戏准备

1. 经验准备

基于维果茨基的"最近发展区"理论，经验准备的目的就是为了让教师着眼于幼儿的最近发展区，为幼儿提供难度适宜的游戏内容，调动幼儿的积极性，发挥其潜能，超越其"最近发展区"而达到下一发展阶段的水平。有些游戏需要幼儿有一定的认识、知识方面的基础，如果幼儿对活动内容比较生疏，缺乏经验，那幼儿就无法很好地理解游戏内容，游戏活动就很难顺利进行下去。实习教师可以通过谈话法、情景法、绘画法、操作法了解幼儿已有的生活经验，也可以与家长及时沟通交流幼儿的发展水平和已有经验，为游戏的顺利开展做好准备。

2. 材料准备

首先，提供的材料和玩具应具有教育性。教育性的玩具有利于幼儿的身心健康发展，有利于训练幼儿各种能力和技能，在引发幼儿好奇心的同时增长经验，启发其想象，丰富其审美及操作的需要，从而促进幼儿的创造性活动。

其次，玩具材料要具有可操作性。不同年龄的幼儿在选择玩具时都喜欢能活动的、可操作的玩具。例如，让幼儿自己动手组装汽车模型和轨道，要比已装备好的电动汽车更吸引幼儿的兴趣。

再次，选择游戏材料要充分符合幼儿的年龄特点和发展水平。不同年龄的儿童对于玩具材料的需求是不同的，例如，小班对玩具的色彩、形状要求较高，目的性不强，就可为其准备数量充足的与生活密切联系的成型玩具。而中班的幼儿能根据玩具本身的性能来选择，喜欢多样化及具有一定难度的玩具，因此可以为此提供内容丰富的玩具材料以满足幼儿不断增长的游戏愿望及需要。到了大班，幼儿对各种类型的玩具都有浓厚的兴趣，能根据游戏情节有需要地选择玩具，因此要为其提供丰富多样并反映细节特征的半成品及废旧物品，以满足幼儿的需求。

最后，玩具材料要符合安全卫生要求。玩具的材料及颜色应该无毒，所有供5岁以下幼儿玩耍的上面有油漆的玩具，都应在标签注明玩具所用油漆的含铅量低于百分之一或无毒性，避免幼儿误食而中毒。玩具的零件应结实，避免幼儿将零件误食或塞进鼻孔耳孔。另外，玩具材料应易于消毒，也不可让幼儿玩挥发性物质或有电的设备等。

3. 环境创设

创设良好的游戏环境有利于教师树立正确的儿童观和游戏观，也有利于激发幼儿游戏愿望和兴趣，提高幼儿的思考能力、动手能力和交往能力等。良好的环境创设应满足三个条件：安全、具有丰富的刺激性和可参与性。

只有在安全的环境里，幼儿才能充分自由地开展游戏活动。安全性主要包括生理安全和心理安全两个方面。生理安全涉及玩具材料的安全卫生、游戏场所的宽敞和安全、空气新鲜等；心理安全主要指让幼儿在游戏过程中获得尊重和自由，能按自己的意愿和经验开展游戏活动。

所谓的刺激性，是指创设的环境能刺激幼儿去发现问题、解决问题，能激发幼儿的求知欲和好奇心，在游戏中会主动地探索。在这种环境的作用下可逐渐启发幼儿主动学习和想象力、创造力的发展。

游戏环境的可参与性是指要让每个幼儿都能真正参与到、融合到环境中，以获得最大程度的发展。因此，在创设的环境中不能只放置成型的东西，让幼儿失去动手操作的兴趣和机会。正确的方法应是给幼儿提供一两个待用区，放置一定数量的未成型的玩具材料，以适应和满足不同幼儿的需要。

（四）教师参与游戏

在游戏过程中，实习生应参与其中进行指导。在幼儿园游戏中，实习生参与游戏的主要方式有三种：平行式介入、交叉式介入、垂直式介入。

1. 平行式介入

平行式介入是指教师和幼儿玩相同的游戏材料或情节，提供示范作用，常用于游戏能力弱的幼儿，如与能力弱、游戏意识弱的幼儿一起到旅行社当游客，随导游到机场坐飞机到处游玩，使他们在了解掌握每个游戏的游戏玩法、坐飞机的程序等基础上，了解集体游戏的游戏规则，感受到集体游戏的乐趣，引导幼儿从破坏型人员逐渐转变为合作型、参与型游戏人员。

2. 交叉式介入

交叉式介入是指教师主动参与或接受幼儿邀请参与游戏，通过与幼儿的互动，来达到指导游戏的目的。这也是用得较多的一种方法。例如，教师作为顾客到大酒店点菜、到超市买东西，教师作为游客到旅行社游玩，作为观众观看民俗表演团的表演，这些都能让作为工作人员的幼儿获得充分的成就感，并隐性地指导幼儿游戏，有利于充分调动幼儿游戏积极性，发挥幼儿创造性、主动性，促进游戏的发展。

平行式介入和交叉式介入是教师以游戏者的身份参与游戏，是幼儿园中比较常用的方法，也可统称为游戏介入法。

3. 垂直式介入

垂直式介入是指在幼儿游戏中如果出现严重的违反规则或攻击性行为时，实习生以教师的身份直接进入游戏，对幼儿的不恰当行为进行直接干预。

（五）综合评价游戏

游戏的评价是组织指导游戏的重要环节，它能对游戏起导向作用。教师对游戏的评价可为幼儿下次活动时发展游戏情节、巩固游戏中所获得的情绪体验和提高游戏质量有非常重要的作用。对游戏的评价可包括游戏过程、幼儿的表现和游戏反思三个方面。

1. 游戏过程

重视幼儿在游戏过程中的体验。尽量做到注重游戏过程而不注重游戏结果。从幼儿对游戏活动的参与度以及愉悦的程度观察幼儿对游戏活动的体验；从幼儿对游戏的想象力、创造性的表现和反映的知识经验以及解决问题的能力观察幼儿的认知发展水平；从幼儿与同伴交往中观察幼儿是否具有组织能力等。在评价中要以幼儿为主体，从幼儿的实际体验出发，展开讨论。

2. 幼儿的表现

评价游戏过程中，幼儿的表现主要可以包括"幼儿在游戏中情绪是否愉悦""是否有闪光点"，以及"幼儿是否能够达成游戏要求"这三个方面。

幼儿游戏中积极的情感体验包括：通过自由选择和自主决策而发展的成就感或胜任感；通过摆弄操作游戏材料而发展的美感；通过体验角色的情感和态度而发展的同情心及移情能力等。在游戏活动中对幼儿游戏情绪的关注，可以评价幼儿是否对游戏感兴趣、能否投入到游戏当中，是否产生游戏性体验以及游戏是否顺利进行等问题。

幼儿在游戏中展现出的闪光点，即教师之前在幼儿身上没有发现的，不同于幼儿以往表现并能反映幼儿在某一方面的进步与良好品质的行为或事件。比如：一名幼儿在游戏活动竟然用闲置很久的废旧光盘作为材料，自己组织起了"光盘商店""小马过河"等游戏，这是幼儿在游戏活动中发挥游戏主动性、将生活经验运用到游戏中的表现，也是该幼儿在游戏中所表现出的闪光点。幼儿游戏中的闪光点是幼儿操作能力、语言表达能力、想象能力等领域有所发展的最好展示。

不同的游戏类型对幼儿的游戏要求、幼儿发展水平的要求具有差异,因此教师需要关注幼儿在游戏中的具体表现,从游戏中发现幼儿的实际发展水平。通过幼儿对游戏要求达成程度的分析与评价,教师可以得到游戏设置是否符合所在班级年龄阶段的发展状况、游戏组织是否吸引幼儿等反馈。

3. 游戏反思

反思作为教师对于教育事件进行理性选择的一种思维方式和态度,是教师改进专业实践而进行的自我检查、自我评价的过程。游戏反思一般包括:对游戏材料设置的反思、对游戏环节设置的反思以及对自身的反思。教师通过反思来检验游戏活动设置是否适宜,还可以为幼儿提供怎样的支持。

首先,教师最为关注的是给予幼儿怎样的帮助与指导。一般情况下,为幼儿提供帮助与指导分为两种情形:一种是幼儿在某些方面存在困难,需要教师进行帮助;另一种是幼儿在某些方面表现很好,需要教师能够为幼儿提供更高的发展目标。

其次,调整和更新游戏材料。适宜的游戏环境创设,可以为幼儿发展提供支持作用,在游戏中幼儿的游戏状态也会反映出幼儿环境创设是否适宜。幼儿游戏离不开具体的操作材料,但是由于幼儿的年龄差异和个性差异,导致不同年龄阶段、不同发展水平对游戏材料的需求是不一样的。因此,教师在游戏活动中应注意观察游戏区所投放的材料是否符合幼儿的年龄特点,幼儿是否感兴趣,根据观察结果及时调整和更新游戏材料。

四、游戏活动实习工作的任务情况(表7-1-6、表7-1-7)

表 7-1-6 游戏活动任务

环节	工作要点	任务说明
游戏的组织	发挥幼儿游戏的自主性	幼儿自主选择主题
		幼儿自主选择角色
		幼儿自主选择材料
		幼儿自主选择玩伴
	观察记录游戏过程	观察游戏内容
		观察社会交往
		观察语言交流
		观察材料使用
	游戏的支持与指导	掌握游戏的组织环节
		控制游戏的时间和强度
		把握时机,介入游戏
		养成幼儿良好的游戏常规

续表

环节	工作要点	任务说明	
游戏的评价	对幼儿表现的评价	自主性	
		积极性	
		合作性	
		想象力	
	游戏反思与改进	反思	
		改进	

表 7-1-7　组织游戏活动计划

游戏类别		时间	自　　时　　分　至　　时　　分
游戏名称			
游戏目的			
游戏准备			
游戏过程			

开始部分：

基本部分：

结束部分：

任务二　幼儿园教育活动实习

通过教育活动实习工作，实习生可以熟悉教育教学中的各项流程，向有经验的教师学习丰富的教学方法，学习撰写教学活动方案，学会设计各个领域的教学活动并组织实施，能用所学理论知识分析实践中的问题并找到解决方法，提高解决实际问题的综合能力。

一、幼儿园教育活动实习的内容及要求

（一）听课

听课，包括听幼儿园教师的课和同学们的实习课。通过听课有助于提高教师的专业素养，有助于检测执教教师的教学质量，也有助于了解幼儿的学习与发展状况。对于实习生来说，听课主要以听和看为主。

听课的内容主要包括活动目标、活动内容、活动材料、活动过程、幼儿表现、师幼互动、活动效果等方面。听课的类型可以包括观摩型听课、评比型听课、检查型听课、调研型听课、反思型听课，无论哪种类型的听课都要注意以下几个要求。

1. 分清角色

在听课之前应该做好充分的准备，提前了解相应的教学内容和目标，了解任课教师的教学风格和特色以及幼儿的基础情况。作为实习生也可以在听课之前自己尝试进行相关的活动设计，以便对照自己和别人的不同。如果听课对象是实习的同学，可能在组织活动过程中会出现各种小问题，可以设身处地想一想，换做自己是否会出现类似的问题，从而达到提升的效果。

2. 认真听课

在听课过程中，实习生要集中注意力，认真思考任课教师为什么这样教，学习如何导入、如何突出重点、如何调动幼儿的积极性等方法和技巧。同时，听课时要懂得换位思考，尊重被听课的教师，面带微笑，不要随意表现出奇怪的表情影响执教教师的教学情绪，不要打断、影响执教教师的教学节奏，最大限度地减少听课对课堂教学的干扰。

3. 做好记录

听课时，实习生在短时间内要接受大量的信息，如果不做好听课记录可能会遗漏掉有价值的信息，完整的听课记录也可以为实习生今后的评课打下基础。常用的听课记录的方法有完整式记录、摘要式记录和符号式记录。完整式听课记录用得比较多，一般要记录授课教师、听课班级、日期、活动目标、活动过程、师幼互动等内容，通常也会记录听课者对某一环节的心得体会和相关的点评。幼儿园听课记录如表7-2-1所示。

表7-2-1　幼儿园听课记录

活动班级		活动科目（领域）	
活动名称		活动时间	
活动地点		上课教师	
活动材料			

续表

活动过程	
活动评价	

（二）备课

1. 备活动目标

目标对一个活动的成败起着决定性作用，制定目标时，要遵循《指南》和《纲要》的要求，符合幼儿的发展水平和兴趣爱好，完整的活动目标应包括认知目标、情感目标和技能目标三个方面。活动的目标切忌过于笼统，要表述得精确具体；不仅要照顾到全班幼儿的发展水平，也要考虑到个别幼儿的差异；表述的角度可以是教师，也可以是幼儿，但一般提倡从幼儿的角度出发，且目标的表述角度必须是一致的。

2. 备活动材料

活动材料包括课程条件材料和物质条件材料两个方面。课程条件材料是指当前课程实施中已有的教学资源储备，比如，大多数幼儿园都配备了相应的教学图片、操作材料、影音材料，教师需要认真研究本次活动配套的课程资源，思考在哪些环节如何正确、合理地使用它们。物质条件材料是指在教学活动过程中，需要使用到的物质设备，比如，本次活动是否需要黑板粘贴图片活动范例，是否需要使用投影仪或电脑，是否有合适的场地和空间让幼儿分组合作，能提供哪些工具材料给幼儿使用等，解决好了这些细节问题，教师在教学过程中就不会手忙脚乱，影响教学效果。

3. 备活动中的幼儿

首先，要全方位地了解幼儿。在同一个班的幼儿虽然因年龄相仿而发展水平相似，但也存在少数幼儿发展水平不同于大多数幼儿，因此要照顾到每个幼儿的个别差异，始终以幼儿为中心。

另外，谨记幼儿是活动的主人。备幼儿来源于对幼儿的观察，要把握幼儿的特点。作为实习生，要尝试站在幼儿的角度思考问题，只有真正从幼儿的角度出发，才能对幼儿进行有针对性的指导。

4. 备活动过程和方法

这部分是备课中的重点，也就是教师"如何教"的问题，包括导入部分、基本部分、结束部分三大环节，导入部分主要是为了引发幼儿的兴趣，有直接导入法、问题导入法、前经验导入法、游戏导入法等；基本部分包括组织过程、联系经验，随机调整、灵活互动等过程，主要方法有情境表现法、实践法、体验法、迁移巩固法等。结束环节并不意味着到此为止，不仅要对教学活动起到总结、提升的作用，还要激发他们继续学习、探索的兴趣，常用的方法有自然结束法、画龙点睛法、后续延伸法。

（三）试教

试教是在教师准备充分的条件下，领导、专家或同行对教师讲课进行研究、讨论和把关的一种模拟教学活动。对于实习生而言，试教不仅可以有效地培养自身活动设计能力、组织活动的讲解和应变能力、对知识的讲解和处理能力，也有助于培养实习生的教态、胆量等基本功。因此，实习生应充分利用各种有利条件，将自己设计的活动方案认真地试教。

试教的形式主要有三个：一是一人试教，多人听讲；二是一人试教，一人听讲，通常是实习指导教师作为幼儿；三是利用微格教学设备试教，自己反复回放录像进行反思，或与指导教师一起交流。

在试教前，实习生必须精心准备教案，把教案提前几天交给指导老师进行修改，正式试教前还要准备好相应的材料。试教后，应及时向指导教师和实习同伴寻求意见，根据反馈再次修改活动方案，如问题较多，也可再次进行试教。经由指导教师同意后，可正式进行施教。

（四）组织活动

组织活动是实习生进行教育实习的重要环节，也是实习工作的核心。对于实习生来说，由于缺少经验和能力，初次组织活动的效果都不理想，为了组织好活动，实习生应具备一定的适应能力和自我调节能力，善于抓住幼儿感兴趣的关键点，在以幼儿为中心的基础上，尽量减少教学失误。

教态是教师给幼儿留下的第一印象，包括教师在教学中的情态、体态和举止等。实习生首先要做到自然大方，端庄和蔼，不可在幼儿面前露出气愤、痛苦等表情；其次，实习生在课堂上的言谈举止要讲究分寸，身体姿势和手部动作都要自然平稳，表现出对幼儿的亲和力。在服饰方面也要有教育者应有的风貌，整齐干净，高雅大方，不穿奇装异服。

语言是组织活动的基础，实习生在组织活动时的语言表达要比平时生活中更严格一些。首先，最基本的要求是普通话标准，读音准确，吐字清晰，语气语调要恰当，用语规范，语速适中。实习生要掌握幼儿的语言特点，注意使用幼儿能理解的直观性语言，鲜明生动，通俗易懂。另外，说话要准确精练，在教学时，用词要严谨，保证幼儿正确理解知识，同时要克服掉口语中"这个""那个""然后"等用语。也可以适当地用身体语言和表情语言相辅助，有助于吸引幼儿的兴趣，加深幼儿对于教学内容的理解。

（五）评课

评课是幼儿园经常开展的活动，是促进教师专业成长的有效方法。评课可以是教师之间互相研讨，可以是领导或专家进行督导式评课或点评式评课，也可以是教师自己进行的反思性评课。无论是哪种方式的评课，都要看这节课的教学过程能否调动幼儿的学习主动性和积极性，能否让幼儿在情感、认知和技能方面得到最大化的发展。除此之外，在评课过程中，不仅可以看到教师的备课过程，也能看到活动过程中教师与幼儿的互动水平以及应变能力，在评课过程中把执教教师的问题提出来，通过讨论、分析共同寻求解决方法，同时让参与听课的教师进行经验分享。因此，通过评课不仅可以提高课堂教学的有效性，也可以有效地提高教师的执教水平。评价标准可以参考表7-2-2。

表 7-2-2 幼儿园教育活动评价标准

评价对象	评价内容	评价标准
教师	目标定位	1. 活动目标是否具体明确，符合幼儿已有经验和发展需要，能体现领域活动的特征 2. 目标是否有机整合情感、态度、能力、知识技能等方面的发展要求 3. 目标是否有层次性，以适应不同需求和发展水平的幼儿 4. 目标的文字描述是否清晰、明确
	内容选择	1. 是否贴近幼儿生活，又体现一定的挑战性，有助于拓展幼儿的经验和视野、促进幼儿长远发展 2. 是否善于利用和开发教学资源，活动容量合理，突出重点，体现科学性、可行性
	过程引导	1. 是否能以亲和的态度和灵活的活动形式构建安全、平等、温馨、丰富的学习环境 2. 是否能提供充足的活动时间和适宜的活动空间、设施、材料，引发幼儿与环境、材料的积极互动 3. 教学语言是否生动活泼，富有启发性和感染力，表达清晰 4. 教学思路是否清晰，环节设计是否合理、衔接自然、循序渐进，是否能恰当运用多元化的教学方法和手段，采用适宜的指导策略
	师幼互动	1. 看教师的提问是否适宜，以启发幼儿思考 2. 看教师回应幼儿的方式是否生动有效，能否给予幼儿支持 3. 看教师是否关注幼儿的发展水平，能否关注到个别差异 4. 关注幼儿在活动中的表现和反应，能灵活调整活动进程与指导策略，注重启发式教学
幼儿	活动态度	是否轻松、愉快、积极、有序，乐于参与活动
	活动表现	1. 是否对学习内容、活动环境、活动材料、活动方式有兴趣，会利用环境资源学习 2. 是否能主动、积极、专注而投入地参与探索、操作、讨论、表述等活动流程 3. 是否愿意与同伴分享，有需要时会与同伴合作
	活动成效	1. 活动中是否有自信的表现和成功感 2. 是否获得与活动内容相关的新经验和新体验，在经验、能力和情感等方面有所发展 3. 是否有属于个体的新收获

（六）公开课

公开课一般在实习结束的前两周进行，一般由带队教师与幼儿园的指导教师协商课程的时间、形式，有些是选择组织活动能力较强的实习生承担上公开课的任务，也有些是要求所有实习生每人都要上一节公开课。在组织公开课的过程中，主要应该做到以下几点。

1. 精心备课

备课是第一步。前面已经详细讲过备课的步骤与方法，在此不再赘述。但实习生进行公开课备课时，通常都会由带队教师和指导教师共同督促完成，实习生要积极主动地寻求指导教师的帮助，虚心请教，及时修改，整个过程要细心，把尽可能想到的细节都作为备课的内容。

2. 反复试教

反复试教的目的是为了更娴熟地上好公开课，主要是熟悉活动目标、活动准备、活动过程等每个环节的具体内容，合理安排每个环节的时间，熟悉幼儿以及与幼儿的互动问题等。试教后最重要的事就是要虚心向听课的老师请教，把发现的问题和意见及时改正，及时修改教案和内容，才能为公开课做好充分的准备。

3. 认真上课

公开课具有公开性、展示性、汇报性、研讨性等特点，实习生的公开课一般会邀请幼儿园的领导、教师以及所有实习生进行观摩。因此，实习生要认真对待，以饱满的精神面貌和大方得体的仪态组织活动，坚持理论联系实际，善于观察，注重师幼互动，时刻以幼儿为中心。

4. 组织听课、评课

实习生上公开课不仅是对实习工作效果的检验，也是对幼儿园指导实习工作的一次总结。因此，带队教师以及幼儿园的领导教师都会进行听课和评课。作为听课实习生一定要做好记录，在领导和前辈教师做过点评之后，听课的实习生也要发言，并组织共同讨论、分析，在此过程中积累宝贵的经验，为以后的教育教学活动打下良好的基础。

二、组织教育活动的步骤及策略

（一）制定活动目标

制定活动目标首先要符合幼儿的年龄特点和兴趣爱好，要有层次性，循序渐进，由弱到难，以适应不同需求和发展水平的幼儿；其次，全面完整的活动目标一般要包括认知目标、技能目标、情感目标；同时，表达的角度要一致，要么从教师的角度，要么从幼儿的角度，提倡从幼儿的角度去表达；语言表达要简洁、清晰、明确，不产生歧义。

（二）做好活动准备

教学活动的准备包括课前熟悉教学环境、教学配套的教具是否齐全以及幼儿的相关经验准备。幼儿的相关经验越丰富，教学效果就越好，所以要提前做好观察幼儿和了解幼儿的计划。教学环境包括熟悉班级内的教学设施、班级环境以及幼儿的情况，教具可以是教学过程中使用的多媒体，也可以是配套的实物、卡片、影音材料等。

（三）拟定活动过程

活动的导入部分主要是为了引起幼儿的注意，激发幼儿的活动状态，同时引出活动主题，实习生可以通过图片、讲故事、音乐律动、猜谜语、游戏等方式导入活动，不管以哪种形式，都要注意形式是为下面的活动展开服务。

在活动过程中，每个环节之间的衔接和过渡要自然、有层次，难度要循序渐进，时间安排要合理；要选择恰当的教学方法，集中幼儿的注意力，充分调动幼儿的积极性，时刻关注每一个幼儿的反应，做到以幼儿为中心，让幼儿成为学习的主体。同时，在稳定课堂秩序的同时，也要学会灵活地处理偶发性事件，例如幼儿超乎意料的回答、材料准备不足、幼儿突然感兴趣但与活动主题无关的事情等，不必慌张，要学会灵活处理这些偶发事件，并善于发现新的教育价值，展开新的教育活动。

（四）学会活动反思

在活动结束环节，实习生可通过回顾、总结、归纳和评价本次教学活动，帮助幼儿将所学知识和技能系统化并进行迁移，实习生本人也可以通过反思发现本次活动的不足并修正改进，以获得逐渐的进步和提高。对教学活动的反思和评价可以包括教学目标是否达成、教学过程是否以幼儿为中心、是否让幼儿发挥主体性、教学方法是否恰当、教学效果是否良好等方面。幼儿园教育活动设计如表7-2-3所示。

表7-2-3　幼儿园教育活动设计

活动名称		领域		班级	
执教者		日期		地点	
活动目标					
活动准备	经验准备： 材料准备： 环境准备：				
活动过程					
活动延伸					
活动反思					

模块八 幼儿园教科研实习与材料整理

《幼儿园教师专业标准（试行）》指出幼儿园教师要"主动收集分析相关信息，针对保教工作中的现实需要与问题，进行探索和研究"。可见，幼儿园教师要学会反思自己的教育教学行为，进行幼儿园教育、教学研究和实验。良好的教科研素养也是幼儿园教师专业素质的重要组成部分。教育科研实习主要是指学生进入幼儿园、幼教机构实习，参与所在机构的教育科研活动，加深对当前幼儿园教育科研的热点问题的认知，了解幼儿园教育科研的现状，积极参与幼儿园的科研项目，提升科研能力。

实习生在实习过程中还需要完成相关调研报告，整理实习材料等工作。学生准备实习材料应兼顾实习前、实习中与实习后，包括实习前制订实习计划书，实习过程中撰写通讯稿、研讨例会记录表，实习结束时撰写总结、呈现调查报告等方面。

任务一　幼儿园教科研活动实习

幼儿园教育科学研究是指以教育科学理论为基础，以幼儿园教育现象为对象，有目的、有计划、有系统地采用科学态度与方法探索幼儿教育过程、认识幼儿教育现象、提炼幼儿教育经验、发展幼儿教育规律的一种创造性的实践活动。许多幼儿园以园本教研和课题研究为主要形式开展教科研活动。园本教研是以幼儿园为本位，以园长、幼儿园教师为研究主体，从幼儿园实际出发，依托幼儿园自身的资源优势，选择切实可行的研究方法，以幼儿园特色和幼儿园教育新理念、新政策、新做法以及存在的保教问题为研究对象，以改善和提高幼儿园管理和保教质量，促进机构内部的人的发展为目的的教育研究探索活动。可以说，园本教研活动是幼儿园凝聚教师集体智慧、促进经验交流、激发思想碰撞的平台。课题研究是幼儿园申报的各级各类科研课题为基础开展的研究。因此，实习生在实习期间应有意识地观摩、参与幼儿园园本教研活动，积极与幼儿园教师进行交流、沟通、分享，同时尽可能参与到幼儿园已有科研课题研究工作中，促进自身科研意识和科研能力的提升。

一、幼儿园教科研活动实习的目的与内容

（1）根据幼儿园安排参与到幼儿园相关教研组，如年级教研组或学科教育教研组等，熟悉所在教研组学期教研计划、月教研计划、周教研计划。

（2）定期参加教研组教学研究活动，做好研究活动记录，并尝试对教学研究活动效果进行评价。

（3）根据自身研究兴趣与能力，结合幼儿园科研课题的工作需要，参与幼儿园课题研究工作。

二、幼儿园教科研活动实习要点

（一）积极参与幼儿园园本教研活动

许多幼儿园都会根据园本教研计划，定期开展集体备课、同课异构、主题研讨、读书交

流、案例研究等活动。在集体备课、同课异构等教研活动中，教师可以比较不同的教学策略，尝试新的教学方法和组织形式，共同研讨教学中的困惑、存在的问题及目标的价值取向等。相互学习、借鉴他人的经验和做法，有利于教师形成自己的教学特色，改进教学质量。实习生可以旁听幼儿园教师的讨论，主动参与部分讨论内容，做好教研活动过程记录，思考教研活动的意义，写下对教研活动的感悟。

在实习过程中，实习生也应加强实践反思，实践反思起源于解决实际问题、改进教育策略的需要。在日常的保教工作中，老教师每天都身处各种各样的情境，逐渐积累了许多应对情境的策略和经验。这些经验对实习生以后的工作有一定价值，但也有可能使实习生知其然，不知其所以然。为避免缓慢、随意、低效的经验积累过程，需要对改进自己的教育行为表现出一种主动、积极的态度，进行有意识、自觉的实践反思。实践反思可以使零碎的教育经验得到梳理，是触发研究的重要条件，也是寻找研究问题和研究内容的重要途径，因此，实习生在吸收教师经验的同时，也要学会进行反思，深刻理解教育问题的本质，思考合理的教育对策。

（二）积极参与幼儿园科研课题研究

实习生在实习之前已经学过教育科研方法相关课程，也可能在思考着学前教育领域的研究热点、难点等问题，这些问题与实践中存在的问题是否一致有待探讨。许多幼儿园为了进一步提高办园质量、推动幼儿园可持续发展，纷纷结合幼儿园实际情况申报各级各类科研课题并展开研究，但由于幼儿园教师常常被日常保教工作所累，缺乏一定的研究意识，致使部分幼儿园科研课题开题后却实施进程缓慢。参与到幼儿园已有科研课题研究工作，有利于实习生了解幼儿园一线实践研究的现状，也有利于推动幼儿园科研课题，有利于提升自身科研能力。

在实习过程中，如恰逢幼儿园申报相关课题，可以参与课题申报材料的准备工作，积极进行已有研究文献检索，厘清研究问题等，可以从"文献综述"部分为幼儿园提供智力支持。如果幼儿园课题研究正在进行中，可以熟悉所在园科研课题资料，按照研究计划梳理工作进度执行情况，帮助分析当前工作要点、难点。参与幼儿园科研课题工作，应根据幼儿园要求，对所接触的研究内容、材料进行保密。

（三）尝试撰写研究论文

在实习过程中，学习收集、整理、分析研究资料，尝试撰写研究论文。在幼儿园开展教育研究，强调的是对现象及事件的分析，是给予资料事实进行的符合材料实际的分析。在整理分析资料过程中，教师的一项重要任务就是收集大量的研究资料，这样研究才具有独特的个性色彩。在研究中，可以将研究过程写成教育故事，采用"夹叙夹议"的方式，增加研究报告的可读性。撰写的研究文章既要有详尽描述，也要有整体分析，可以把写作当成一种行动方式，通过写作来调整研究思路。写好的研究文章可以刊登在公众号或一些网络平台，多途径在同行之间分享、交流。

三、教科研实习的任务完成情况（表8-1-1）

表 8-1-1　参与幼儿园园本教研活动记录

幼儿园：		班级：		教研活动日期：	
教研活动主题					
教研活动形式	讲座、沙龙、集体备课、主题研讨				
教研活动主持人					
教研活动地点					
教研活动参会人员					
教研活动过程记录：					
实习生在教研活动中的体会与收获：					

任务二　完成学前教育调查报告

《幼儿园教师专业标准（试行）》明确提出，幼儿教师应具有"针对保教工作中的现实需要与问题，进行探索和研究"的能力。学前教育专业实习生在实习过程中能真实接触幼儿园的教学活动、户外活动、班级管理、环境创设、后勤配备等过程，能获得幼儿园相关一手资料。实习生在学校已接受《学前教育科学研究方法》课程的学习，掌握了一定研究方法，并且在指导老师帮助下，能有效使用开展教育科研实习。完成幼儿园实习调查报告是在具体实践过程中培养"进行探索和研究"能力的重要途径。

一、幼儿园教育调查报告的目的与意义

学前教育学生在实习过程中将理论知识转化为实际技能，在一线岗位上获得一手资料，利于学生以所见记录为所思，转化为所能。教育科研实习调查报告，指采用一种或多种调查方法

相结合的形式，围绕实习过程中教育教学活动某个点或某个事件展开调查，收集资料并加以分析的过程。实习学生参与幼儿园教育调查的目的有以下几点：第一，教育调查报告属于教育科研实习任务之一，完成调查报告在一定程度上彰显实习生科研能力的提升；第二，实习生了解教育科研实习对幼儿教师专业发展的意义，了解教育科研实习的不同组织形式及存在的困难；第三，熟悉幼儿园教育科研常用方法，掌握不同类型教育科研实习的具体任务，在实习过程中能有针对性地进行专业反思，提高实习效果；第四，教育调查报告的完成需要收集有效的数据或记录相关事件，为毕业论文的撰写提供一定的支撑，以及锻炼写作能力；第五，调查报告有相应的格式要求，在写作过程中，指导老师提供写作指导，为实习生将来工作中进行科研调查打下基础；第六，通过教育调查研究，引导学生学习和研究教育科学，探索教育规律，积累和总结基础教育改革的经验。

从2010年《国务院关于当前发展学前教育的若干意见》的出台，到2012年《3—6岁儿童学习与发展指南》的颁布，我国学前教育事业迎来了前所未有的高速发展时期，社会对学前教育的质量观也不断变化且有了更高期盼。如何提高学前教育质量，突破固定的教育模式，不断更新教育理念和教学方法，迎合幼儿多样化发展需求，是学前教育教师应思考的难题，而从事教育科研、尝试不同教育教学手段是幼儿教师提高教育质量的必然要求。1966年联合国教科文组织《关于教师地位的建议》明确指出："教师职业是一种专业。"而要实现教师的专业化成长，从事教育科研工作是一个重要且有效的途径。"教师及研究者"是时代对幼儿教师专业化的要求，作为实习学生，在教育调查过程中，学生能以研究者的角度置身于教育教学活动中，在真实情景中观察、记录或调查相关教学工作人员，以研究者的眼光去审视和分析教育理论与专业实践中的问题，再以研究者的角度对自身教育行为进行反思，寻求解决问题与冲突的途径，进而在实习过程中积累经验、形成规律性认识，完成专业实践的同时获得自身科研能力、写作能力、教学能力、反思能力的提升与发展。

二、教育调查报告的内容与要求

教育调查报告根据研究对象的不同、研究事件的不同，往往采用的研究方法不同。对于学前教育专业实习生而言，进行教育调查采用的研究方法主要有观察法、调查法和个案研究法。观察法指有计划地用自己的感官或者借助于科学的观察仪器与装备，对所要研究的对象进行系统的观察和探究，从而获取资料并得出结论的研究方法，由于幼儿身心发展的特殊性，观察法是学前教育研究中最基本的方法。调查法是教育科学研究常用的方法之一，指在教育理论指导下，通过访谈、问卷、测量等方式，有目的、有计划地收集有关教育问题或教育现状的资料，了解研究对象的总体现状，进而分析其因果关系，揭示教育规律的一种研究方法。个案研究法是根据特定目的，选择一个或少数几个有代表性的研究对象，系统深入地调查以研究其发展变化过程的方法。由于幼儿发展的特殊性，教育实习调查根据调查内容的不同，可以采用单种或两种以上的研究方法。教育调查报告的内容来源可以是自身教学实践或观摩教学活动的启发，也可以是观察幼儿发展、幼儿教师发展等多方面的，不同视角的调查报告体现了实习学生关注的焦点差异。

（一）教育调查报告的内容

调查研究的内容可以是实习幼儿园的基本情况、历史和现状，优秀教师的先进事迹，幼儿身心发展规律及特点，幼儿五大领域学习与发展特点，幼儿园课程与教学改革趋势等。

实习生可以比较深入地了解当前教育改革的现状及发展趋势，以个人或小组的方式写出切合实际的调查报告，字数不少于3000字，并自觉遵守学术规范。通过调查掌握调查研究的基本方法与内容，培养教育调查的能力，为从事教育研究打下基础。可以结合毕业论文的撰写，进行选题、调查、素材收集、完成初稿等工作。

学生实习过程中，以调查报告审批表的形式将所选调查主题经指导老师修改，确定选题后展开调查，由于学生毕业时间与专业实习时间较为接近，教育调查报告可与毕业论文相似或对后者有一定的帮助。教育调查报告审批表如表8-2-1所示。

表8-2-1 实习生教育调查报告审批表

实习生姓名		实习幼儿园	
幼儿园指导教师		实习班级	
学校指导教师		实习日期	
调查主题			
调查缘由			
调查内容			
调查方法			
与毕业论文关系			

（二）教育调查报告的基本结构及要求

教育调查报告的基本结构包括：题目、署名、摘要、关键词、引言（前言）、主体（正文、主论）、结束语、建议、注释、参考文献、附录等。

（1）题目，题目一般采用研究课题的名称，如：某幼儿园游戏材料投放的调查报告，题目应简明、贴切，围绕学前教育领域展开，体现专业特色，能概括内容，一般不超过20个字。

（2）署名，署名包括所在专业、姓名、学号等信息。

（3）摘要，摘要要求简要概括本次调查的目的、内容、方法、结论等，一般不超过300字。

（4）关键词，关键词为反映论文主题概念的词或词组，具有检索价值，一般为3~5个。

（5）引言，引言应简明扼要地阐述教育调查问题的原因、背景，教育调查研究工作的组织、时间地点、范围，教育调查研究的目的及意义，重点阐述被调研课题的国内外研究动态及现状等。

（6）正文，这是教育调查报告的中心部分，应该详细、具体、深刻、主次分明地介绍教育调查的内容、方法、过程、结果和问题，在此基础上，把调查获得的大量材料、数据，利用科学的方法和手段进行处理后，分别用文字、图表进行明确的描述，要求做到数据确凿、事件典型、材料可靠。

（7）结论，结论或结束语是对调查对象、问题、情况进行分析后的内容简要概括，该部分要写出经过调查研究后的结论性意见，回答调查中所提出的问题。

（8）建议，建议部分是在客观反映调查情况、问题、结论的同时提出的改变现状、解决问题或促进改进、发展的建议、对策或措施，目的是提供有关方面的人员在制定政策、措施、计划时作为参考依据。

（9）注释和参考文献，严格按照学术论文的格式标注注释或参考文献。

（10）附录，教育调查报告应将原始资料，如调查问卷、原始数据、访谈记录等附在文后，便于读者和专家鉴定调查材料的真实性、科学性，也可供研究人员参考。

任务三　撰写幼儿园通讯稿

对于实习生而言，最常见且有效的反思性实践的例子莫过于观摩活动的全过程。经历过这种过程的幼儿教师一定能够深切地体会到反思性实践对于自身专业成长所带来的多个方面的重大变化。同样，对实习生而言，撰写实习过程的心得、体会、学习故事等，既能帮助自己整理、反思自身的实习过程，也能促进写作能力的提升。

一、撰写幼儿园通讯稿的目的与意义

作为学前教育专业的学生，在实习过程中以文字记录实习日常所见、所思、所感、所得，能有效地思考理论知识与实践技能的转化关系，再以反思实践过程为抓手促进理论知识升华，学生根据要求自拟标题，内容大多记录实习过程中的真实事迹，并加以自我反思、制定提升目标和自我鼓励等。幼儿园通讯稿是在指定时间内完成相应字数的实习事件相关的文字稿件，具

体主题和形式要求根据不同学校规定而不同，大多按照时间路线或主题路线进行。首先，学校要求撰写幼儿园通讯稿，即通讯稿作为实习计划和任务要求的内容，撰写通讯稿实际上为完成实习任务之一；其次，幼儿园通讯稿多为实习过程中撰写，有利于学生在过程中反思自身不足与寻求提升途径；最后，学生在撰写通讯稿的同时，会做进一步规划和目标，利于自身提升。

二、撰写幼儿园通讯稿的内容与要求

由于见习时间相对较短，往往以心得收获的形式撰写一篇即可。而实习通讯稿根据实习时间长、完成任务多、参与班级管理与教学力度大等特点，撰写篇数根据学校要求每周一篇或每月一篇不等。这里以实习通讯稿为例，简要介绍通讯稿内容来源与撰写要求。

（一）实习通讯稿的内容

实习生应结合自己的实习工作，从实习准备、实习报到、实习单位介绍、指导教师风采、新体会、新思考、课程故事、实习心得感悟、实习精彩瞬间等方面进行撰写。

（二）实习通讯稿的要求

实习通讯稿可以有效记载实习生实习过程中的所思所想，编撰成册的通讯稿既可以为所有实习生提供一个交流、分享的平台，也可以为学校和实习基地之间搭建桥梁。具体要求如下：

（1）明确通讯稿的主题，每期的通讯稿有固定主题或以实习阶段为节点；

（2）明确通讯稿的格式要求，包括题目、作者、幼儿园名称、内容，明确统一字体、行间距等；

（3）通讯稿以文稿的形式呈现，内容翔实完整，图片丰富；

（4）明确通讯稿的篇数，如每月一篇或每周一篇等。

幼儿园通讯稿可根据时间、主题的不同分成不同期别，以实习通讯稿为例，根据实习时间、阶段的不同，可分成不同期别，或根据不同主题、实习生不同角度分成不同类别。如表8-3-1所示，以入园时间阶段，每月一篇分成入园篇、发展篇、提高篇、总结篇；也可根据主题活动或节日等分成不同类别，如秋季学期的幼儿秋游活动、传统节日活动、西方节日活动等；或者从实习生心得体会角度进行分类，如所见篇、所思篇、所感篇、所得篇等。

表8-3-1 学前教育专业实习通讯稿记录

题目	时间	主题	幼儿园名称	作者
入园篇：观摩学习				
发展篇：初步实践				
提高篇：不断进步				
总结篇：自我反思				

（三）学前教育实习通讯稿案例分享

案例1：实习感悟

若时光能缓，留住这浅浅喜爱

高新区第一实验幼儿园　严妮

"所有的大人都曾经是小孩，只是很少有人记得。"我曾在漫长的旧时光里学会长大，如今你们载我复故梦里青果初结，芦花初放。

我在脑海里默默上演过无数次与你们相遇，会是怎样的一番情景，生怕拘束了，生怕冷了场。我细细想着你们会偏爱哪般，到真正见面，却像赴那个偶然中必然的缘，一切都是那么自然，自然到不知不觉你们已藏到我的心灵深处。

从第一声问好到最近一声再见，恍恍惚惚，竟过去五个日夜。忽然你们就出现了，忽然我就长大了。第一次体会到责任感，体会到那么多份稚嫩而诚挚的信赖，你们没有责怪我偶尔的手忙脚乱，反倒教会了我如何做一个童心未泯的成年人。其实我没有告诉你们，老师也是第一次做老师，你们却宽容地仿佛知道一般，那句余下时光请多指教，我未曾说出口，你们已在默默践行。

正式相处的第一天，恰好是教师节，我料想前一周只十分钟的照面，你们定不记得了。果然你们总会打破我一个个预想，先是几声热情地问好："严老师早！"再后来是递到我手上的贺卡，我很惊讶又着实欢喜，毕竟，这是我第一个教师节啊。杨凌希，我想我会永远记住这个名字。

你们一天要唤我多少次呢？"老师你过来……""严老师，你的手好香啊，我想叫你香老师。""我现在最喜欢的老师就是严老师了……""严老师，你明天还来吗？"……一句句暖心的话语不知不觉中便冲走了疲劳，孩子可真是造物主的杰作啊，如此惹人喜欢，如此让人甘愿辛劳。甜甜的笑语如石榴石上滚下的晨露，如铃兰花枝上婉转的夜曲。

悦悦，你突然跑过来亲吻我的脸颊，又偷偷跑回去，真是可爱极了。你乖乖地趴在那里，小眼睛带着笑意，老师想说谢谢你，总觉得言语太过浅显，远远道不出情意，于是相顾无言，愿以温柔目光来诉说这瞬间的感动。

若时光能缓，车马能慢，我愿留住这浅浅喜爱，沧海明月，深深相惜。

（××学院20××届毕业生，严妮）

> **案例2：课程分享**
>
> 生态主题课——落花生
>
> 秋雪湖幼儿园　徐琳
>
> 　　今天是周五，老师带着小朋友们上了一节落花生的生态主题课程，老师首先询问大家"见过花生吗？""花生是什么样子的？""花生的叶子是什么样的？"小朋友们都纷纷举手，表达自己的想法。有的说花生是棕色的，有的说花生长得像人参……老师接着问小朋友们花生的叶子是什么样的，小朋友们没有仔细观察过回答不出来，老师便说花生的叶子是椭圆形的，引导幼儿一会儿挖花生的时候仔细观察。
>
> 　　紧接着，小朋友们就到青青农场的花生地里挖花生啦。每个人的分工都不一样，有的小朋友拿铲子把泥土铲松，有的小朋友用力把藏在泥土里的花生挖出来，有的小朋友把花生从根茎上一颗颗拿下来，通过每个小朋友的分工合作，不一会儿就收集了满满一桶的花生。小朋友们都开心极了。
>
> 　　我也与小朋友们一起体验了这堂生态课，当我和其中一个小朋友一起努力拔出一株花生时，我们俩都高兴地叫了起来，体会到了合作的意义。我想在这堂生态课中除了让幼儿了解花生之外，这便是最大的益处了吧。
>
> （××学院20××届毕业生　徐琳）

任务四　整理幼儿园保教实习材料

　　学前教育专业学生在实习前、实习中以及实习结束，均需要完成相应的文字记录以及教学活动影像资料，一方面作为档案材料存档，另一方面作为实习经验帮助学生自我提升。实习材料是检验学生的实习效果、实习目标达成度，以及对自身规划的重要途径，也是帮助学生进行自我反思与提高的有力工具。

一、整理实习材料的目的与意义

　　幼儿园保教实习材料是指学前教育专业的学生在保教实习的全过程中，以文字呈现的，并且需要留存档案的材料。由于实习学生是由学校派出，幼儿园接纳，因此，实习材料涉及的对象是在幼儿园中接触的幼儿一日活动常规与管理、班级常规管理、幼儿园教育教学活动与集体活动、班级环境创设、幼儿园教科研活动等内容，核验单位为幼儿园和学校双方，评价主体为学校、幼儿园、带队老师和幼儿园指导老师等。整理实习材料的目的与意义包括以下几点：第一，记录学生实习经历，存入档案，以达到学前教育专业人才培养目标的要求；第二，提升学生教育教学活动方案设计能力与活动组织能力；第三，提高学生的调查研究能力，收集相关数据作为毕业论文选题来源；第四，为以后的就业奠定基础，作为自我反思与提高的参考资料。

由于实习材料涉及多方面内容，因此教育实习材料在一定程度上反映出学生的实习认真程度，可作为检验学生实习质量的辅助工具。

二、幼儿园保教实习材料的内容与要求

学前教育学生进入实习阶段前，由学校根据人才培养方案的要求，设计实习方案，再结合培养方案和实习内容，制定学前教育专业实习材料内容与要求，大部分实习材料以《学前教育专业保教实习学生手册》的形式呈现，其余材料根据学校或学院要求，在实习结束时收集整理，其中实习计划书与成绩鉴定表不可或缺，幼儿园保教实习材料的具体内容因培养单位要求而异。以图8-4-1为例，部分学校要求学生撰写实习简报即实习通讯稿，以影像、图片等资料记录自身实践组织活动的实景等，有利于学生后期自我打磨与提升。

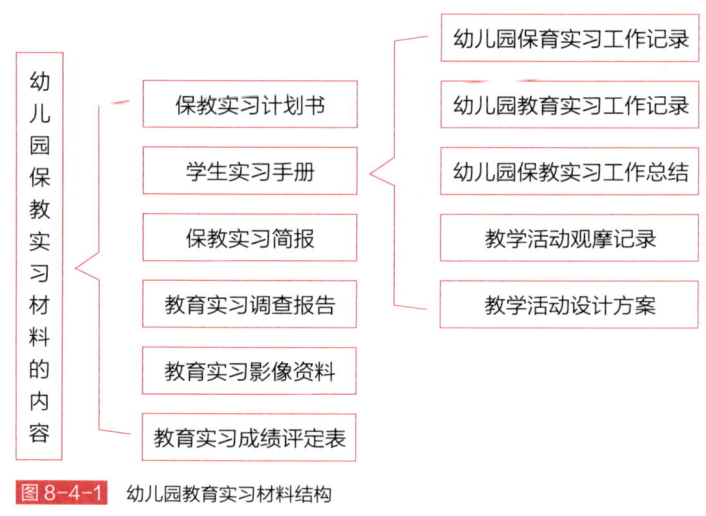

图8-4-1 幼儿园教育实习材料结构

三、实习总结报告的结构及写法

作为实习教师，实习期间要写阶段总结，结束时要写实习总结报告是必需的，对已做过的实习工作做出回顾和总结可以用来指导实践，提高实习生对幼儿教育工作的认识水平和能力。实习总结报告一般由标题、提纲、前言、正文、结尾等部分构成。

1. 标题

实习总结报告的标题一般比较明确，可以在第一页最上方中间统一写"实习总结报告"，还有一种形式是"发文主题+文种"，如"关于×××的实习报告"，如"关于幼儿园教育工作的实习报告"。标题要简洁。

2. 提纲

提纲是实习总结报告构成的基本逻辑框架，是写作思路逻辑合理的体现。编写提纲就是先给报告搭一个骨架，即根据实习报告的特点、格式和结构原则，把要写的内容用简明的语言逐条记录下来。认真拟写提纲，做好写作规划对于实习生来说非常重要，这是写好报告的前提。具体内容可以有标题、实习时间和地点、实习目的、实习内容、实习效果评价等。

3. 前言

前言部分概括实习的基本情况，包括实习起止时间、实习任务、实习地点、实习指导教师等，或用高度概括的语言概括出实习过程的感受、结果，以引出正文内容。

> **实例**
>
> 　　实习是一个极为重要的实践性教学环节，是教师生涯的演练与开场。自20××年9月1日至20××年1月3日，我在东方幼儿园一个学期的实习工作圆满结束。实习生涯让我更加了解幼儿教育工作，学到了很多书本上学不到的知识，也认识到自身仍有很多不足。为总结实习经验，做好今后工作，特做如下报告。

4. 正文

正文是实习总结报告的主体部分，主要包括实习目的、实习单位简介、实习内容、实习效果评价等方面。

（1）实习目的，主要是实习前预想搭成的目标和取得的效果。一般在学校实习前的任务书里会有明确规定。以下是某高校列出的实习目的：

①熟悉和适应幼儿园工作，了解幼儿园一日生活组织与管理流程，加深对专业的理解和对教育事业的热爱。

②通过实习掌握幼儿园教育保教工作的内容和特点，提高从事幼儿园教育的实际工作能力，学会建立良好的师幼关系，帮助幼儿成长。

③在实习过程中，学习与幼儿园教师、同伴、指导教师、家长等交流合作，提升沟通能力、协调能力。

（2）实习单位简介，在报告中可以如实介绍实习单位的性质、发展概括、荣誉、办园特色等，做到实事求是，客观真实。

（3）实习内容，是指实习过程中，实习生在实习单位做了哪些工作，表现及态度如何，在实习中学到了哪些知识和技能，情感和态度发生了哪些转变等。要求内容全面、层次清晰。可以按照纵向结构来安排内容介绍，也可以按照横式结构来表现实习内容。比如：

①保育工作实习方面……

②游戏与教学活动组织方面……

③参与幼儿园环境创设方面……

④参与幼儿园教科研活动方面……

（4）实习效果评价，是指对整个实习过程进行介绍后，就自己取得的成绩、收获和不足进行分析阐述。包括对实习过程中的总体评价，实习工作中的感悟和体会，在各方面获得的成长，都可以去阐述，感受应真实，发自内心，实事求是。也可以谈谈实习过程中自身存在的问题、遗憾等。如对幼儿园保育工作细节做得不够周到，在幼儿游戏过程中欠缺观察意识等。不足之处也要实实在在，条理清晰、逻辑性强。还可以根据自己的不足之处指出今后努力的方向。

5. 结尾

结尾处可以表达对实习单位和指导教师的感谢，也可以对全文进行总结概括。再加上落款和时间。一般实习报告字数不少于2000字，具体视实习派出单位的要求而定。

6. 实习总结报告写作注意事项

①平时注重收集材料。为了写好实习总结报告，在实习过程中应注意收集材料，及时撰写实习日志，记录实习感受和体会。还可以利用手机、摄像机等媒介记录自己的所见所闻。

②描述要真实。实习总结报告是实习生从实习过程中提取信息，对自己的真实实践进行汇报，把自己的真实感悟和体会描述出来。切忌从网上任意摘抄，扭曲事实。

③要有理有据。在进行内容介绍、效果分析时最好用具体事例说话，可以附上必要的图片或数据，使得报告的内容翔实可信，避免空谈。

四、幼儿园保教实习材料清单

幼儿园保教实习材料除学生实习手册外，在实习开始，学生需撰写实习计划书；在实习过程中，学生需撰写教学活动设计方案，根据学校要求记录影像资料，撰写实习通讯稿、进行科研调查等。与此同时，导师需根据学生的表现及时对活动方案等材料进行批阅和修改，丰富材料内容，指导学生进步；在实习结束时，需撰写实习工作总结等材料，多方评价主体。做出及时评价与成绩鉴定，评出学生成绩。表8-4-1为××学院学前教育专业学生教育实习材料存档的清单。

表8-4-1　学前教育专业实习材料清单

实习生姓名		实习幼儿园	
幼儿园指导教师		实习班级	
学校指导教师		实习日期	
实习材料名称		份数	
教育实习计划书			
教育实习学生手册			
教学活动设计方案			
教育活动影像资料			
教育实习幼儿园通讯稿			
幼儿园教科研活动记录			
教育实习调查报告			
教育实习工作总结			
教育实习成绩评定表			

幼儿园保教实习计划书、幼儿园教育实习工作总结、学前教育专业教育实习成绩综合评定表如表8-4-2、表8-4-3、表8-4-4所示。

表 8-4-2　幼儿园保教实习计划书

保育实习计划	目标	
	内容	
	实施途径	
教育实习计划	目标	
	内容	
	提升途径	

备注：实习计划从保育和教育两个方面来写；该计划书由××学院学前教育专业提供。

表 8-4-3　幼儿园教育实习工作总结

实习生姓名		实习幼儿园	
幼儿园指导教师		实习班级	
带队教师		实习时间	
实习总结：（可以从实习目的、实习单位简介、实习内容、实习效果、存在问题、提升途径等方面撰写） 实习生签名： 日期：			
幼儿园指导教师对实习生实习工作评价： 教师签名： 日期：			
学校指导教师对实习生实习工作评价： 教师签名： 日期：			
所在院系评价： 学院盖章： 日期：			

表 8-4-4　学前教育专业教育实习成绩综合评定表

学生姓名		学号		所在班级	
实习单位				实习班级	
实习时间					
指导教师	实习单位指导教师	姓名		职称	
	带队教师	姓名		职称	
评价者	实习评语		成绩（百分制）	占总评比重	签名
实习单位指导教师评价				40%	
带队教师评价				30%	
自我评价				15%	
同伴评价				15%	
实习总评成绩（百分制）				等级	

实习单位审核意见：
　　　　　　　　（公章）

审核人签字：

日期：

所在院系审核意见：
　　　　　　　　（公章）

审核人签字：

日期：

参考文献

[1] 中华人民共和国教育部. 3—6岁儿童学习与发展指南[M]. 北京：首都师范大学出版社，2012.

[2] 中华人民共和国教育部. 2016版幼儿园工作规程[M]. 北京：首都师范大学出版社，2016.

[3] 朱弋红. 幼儿园保教实习与指导[M]. 北京：人民邮电出版社，2018.

[4] 卢伟，李敏. 反思性实践：学前教育见习实习指南[M]. 北京：北京师范大学出版社，2015.

[5] 时松. 幼儿园教育见习实习手册[M]. 上海：华东师范大学出版社，2015.

[6] 潘月娟. 学前儿童观察与评价[M]. 北京：北京师范大学出版社，2015.

[7] 施燕，韩春红. 学前儿童行为观察[M]. 上海：华东师范大学出版社，2011.

[8] 王菠. 成果导向学前教育专业教育实习课程设计研究[D]. 东北师范大学，2019.

[9] 时艳芳，吕晓炜. 教育见习对学前教育专业学生的影响及优化策略——以Z学院为例[J]. 陕西学前师范学院学报，2018（4）.

[10] 张丽莉. 幼儿园见习对师范生专业学习与就业期望影响的调查研究[J]. 上海教育科研，2011（8）.

[11] 邵爱红. 幼儿园室内外建构游戏指导[M]. 北京：中国轻工业出版社，2016.

[12] 黄俊官. 学前教育实习概论[M]. 北京：光明日报出版社，2013.

[13] 邱学青. 学前儿童游戏[M]. 南京：江苏凤凰教育出版社，2020.

[14] 刘焱. 儿童游戏通论[M]. 北京：北京师范大学出版社，2004.

[15] 何诺德. 儿童游戏[M]. 谢光进，译. 北京：社会科学文献出版社，1989.

［16］张淼. 自由游戏中教师评价行为的研究［D］. 西南大学，2016.

［17］朱萌萌. 幼儿园游戏活动中教师有效观察研究［D］. 西南大学，2017.

［18］钱庆龄. 浅谈结构游戏中幼儿创造性的培养［J］. 新课程（小学），2016（07）.

［19］陈东吉. 幼儿园教师教育实习指导现状、问题及对策研究［D］. 扬州大学，2020.

［20］王长倩，唐志华. 幼儿园保教实习指导［M］. 3版. 上海：复旦大学出版社，2018.

［21］高铁，陈喜庆. 实习指导与作业［M］. 2版. 北京：高等教育出版社，2001.

［22］顾敦沂. 教育实习指导书［M］. 北京：人民教育出版社，2006.

［23］朱绍禹. 教育实习全程解说［M］. 太原：山西教育出版社，2005.

［24］霍力岩. 学前教育评价［M］. 北京：北京师范大学出版社，2000.

［25］梁雅珠，陈欣欣. 幼儿园保育工作手册［M］. 北京：人民教育出版社，2016.

［26］杨广学，张巧明，王芳. 特殊儿童心理与教育［M］. 2版. 北京：北京大学出版社，2017.

［27］史月杰. 学前教育专业见习与实习观察指导［M］. 北京：北京师范大学出版社，2019.

［28］苏珊·R. 桑德尔，艾琳·S. 施瓦茨. 学前特殊需要儿童融合教育实用手册：第2版［M］. 王燕华，曾松添，等，译. 北京：北京大学出版社，2018.

［29］步社民. 幼儿园教育实习指导［M］. 北京：高等教育出版社，2010.

［30］曾强，杨敏. 论教育实习质量提升［J］. 当代教育论坛，2021（3）.

［31］严叶瑾，徐微. 地方高校学前教育专业教育见习存在的问题及对策——以湖北文理学院为例［J］. 襄阳职业技术学院学报，2020（1）.

［32］张永英. 学前教育见习与实习指南［M］. 北京：高等教育出版社，2021.

［33］杨文. 从集体教学到个别化学习：幼儿园教育改革的必然［J］. 学前教育研究，2020（10）.

［34］薛彦华，史晓燕. 幼儿园班级管理与环境创设［M］. 北京：北京师范大学出版社，2014.

［35］龙景云. 幼儿园班级管理［M］. 北京：首都师范大学出版社，2019.

［36］秦旭芳，张罗斌. 幼儿园环境创设［M］. 北京：科学出版社，2017.

［37］杨枫. 幼儿园教育环境创设与玩教育制作［M］. 北京：高等教育出版社，2006.